Gefechtsübungszentrum

Heer

von

Thomas Rückher

Mein Standort

und seine Geschichte
von 1843 bis 2013

Vergangenheit

Gegenwart

Zukunft

FSC
www.fsc.org
MIX
Papier aus verantwortungsvollen Quellen
Paper from responsible sources
FSC® C105338

„Herstellung und Verlag: BoD – Books on Demand, Norderstedt“

Bibliografische Information der Deutschen Nationalbibliothek:
Die Deutsche Nationalbibliothek verzeichnet diese Publikation in der Deutschen Nationalbibliografie; detaillierte bibliografische Daten sind im Internet über www.dnb.de abrufbar.

ISBN 978-3-7357-8541-1

Inhalt ***Seite***

Vorwort des Verfassers
Überblick

Vorwort des Verfassers

Bevor ich beginne, Ihnen etwas über meinen Standort und seine Geschichte zu berichten, möchte ich mich kurz vorstellen. Mein Name ist Thomas Rückher, ich bin 1963 in Mannheim im Bundesland Baden-Württemberg geboren und habe eine dreijährige Ausbildung zum Elektroanlageninstallateur absolviert.

Am 2. Oktober 1982 begann meine militärische Laufbahn als Panzergrenadier im Wallfahrtsort Walldürn (Neckar-Odenwald-Kreis) beim Panzergrenadierbataillon (PzGrenBtl) 362. Danach war ich an den Standorten Hammelburg, Koblenz, Bad-Salzungen, Osterode und Munster stationiert, bis ich schließlich im April 2009 beim Gefechtsübungszentrum Heer (GefÜbZH) im Ausbildungsbereich landete. Hier leistete ich meinen Dienst im Auswertedienst als Stabsdienstbearbeiter Streitkräfte und in Zweitfunktion als Medienproduktionsfeldwebel. Nachdem ich erkannte, welche eindrucksvolle Historie der Truppenübungsplatz Altmark (TrÜbPl Altmark) zu bieten hat, fasste ich im Februar 2010 den Entschluss, eine Ausstellung aufzubauen. Sie soll die Besucher anhand zahlreicher Bilder über die Geschichte, aber auch über die Gegenwart informieren. Hier sollen die Soldaten und alle anderen Angehörigen des GefÜbZH sowie die Öffentlichkeit die Möglichkeit haben, etwas mehr über den Standort zu erfahren. Die Ausstellung GefÜbZH wurde nach zwei Jahren Aufbauzeit im Februar 2012 offiziell durch den damaligen Leiter des GefÜbZH und mir eröffnet. Wenn ich Sie neugierig gemacht habe und Sie die Ausstellung des GefÜbZH einmal besuchen möchten, können Sie sich über den Besucherdienst des GefÜbZH anmelden.

Nach zahlreichen Führungen durch die Ausstellung wurde mir bewusst, dass dem GefÜbZH noch detaillierte Informationen über seine Geschichte und Gegenwart fehlten. So stellte ich mich einer neuen Aufgabe und schrieb dieses Buch. Es dient dazu Näheres über die Geschichte des Standortes zu vermitteln. Schwerpunkt soll aber das GefÜbZH mit seinen umfangreichen Aufgaben sein. Das Buch soll jedem die Möglichkeit bieten, einmal hinter die Kulissen der vielen Bereiche des wohl modernsten GefÜbZ Europas zu schauen.

Das Gefechtsübungszentrum Heer

Und nun wünsche ich Ihnen viel Spaß beim Lesen. ☺

Schon immer wurden Traditionen gepflegt und es wurde nach ihnen gelebt. Mir schien das Zurückgreifen auf Traditionen eine Art Stütze zu sein, mit der man in den verschiedensten Situationen durch das militärische Leben gehen konnte.
Ich kann mich noch gut daran erinnern, dass wir Ausbilder gerade während der praktischen Ausbildung auf Traditionen zurückgegriffen haben, um dem Sinn und Zweck der Ausbildung Nachdruck zu verleihen. So konnten wir bei den jungen Soldaten entsprechende Aufmerksamkeit, aber auch Betroffenheit schaffen, um zu erwirken, dass sie die Ausbildung ernst nehmen und ihr Bestes geben.

„Kriegsnah ausbilden war Motto und Leitfaden."

Die Bundeswehr lebt schon seit vielen Jahren mit ihren Traditionen. Der erste Traditionserlass wurde nach langem Hin und Her im Jahre 1965 in Kraft gesetzt. Die neuen *„Richtlinien zum Traditionsverständnis und zur Traditionspflege in der Bundeswehr"* wurden 1982 von Hans Apel unterzeichnet. Der Erlass sollte als Hilfestellung zum Umgang mit Traditionen dienen. Im Jahre 1999 wurde der *„Wegweiser zur Traditionspflege im Heer"* erlassen, um Entwicklungen und Impulse aufzugreifen, zu überdenken und gegebenenfalls den Erfordernissen der Gegenwart anzupassen.

„Traditionen kann man nicht verordnen oder befehlen."

Ich glaube, dass diese Richtlinien die Soldaten auch schützen können und ihnen den Umgang mit der Geschichte und den Traditionen erleichtern. Denn wenn Traditionen von Fanatikern falsch interpretiert und diese gegen Menschen und ihre Geschichte gerichtet werden, könnten sie auch als gefährliches Werkzeug missbraucht werden.

„Traditionen sind sinnvoll, wenn man sie richtig nutzt."

Ich möchte meiner Leserschaft das GefÜbZH mit seinem TrÜbPl Altmark und seiner historischen Geschichte etwas näherbringen. Nicht weil ich glaube alles darüber zu wissen. Nein, weit gefehlt. Vielmehr denke ich, dass es sinnvoll ist mehr über die Geschichte seines Standortes und über alle Bereiche, die hier vertreten sind und ihren Beitrag leisten, zu erfahren. Ich möchte Ihnen einen Blick in die verschiedenen Bereiche des GefÜbZH gewähren, um Ihnen zu zeigen, wie viel Arbeit geleistet wird, um unsere Soldaten, die in die Einsätze gehen, nach bestem Wissen und Gewissen auszubilden.

Alle eingerückten und in kursiv dargestellten Texte sind Aussagen der Personen, die ich befragt habe.
„Im Sinne der besseren Lesbarkeit sind die folgenden Kapitel im generischen Maskulinum verfasst."

Überblick

Das Wappen des Gefechtsübungszentrums Heer

Das Wappen des Gefechtsübungszentrums des Heeres ist in zwei Teilbereiche gegliedert.

Der in der linken Hälfte vertikal halbierte rote Adler auf weißem Grund ist ursprünglich das Wappentier der askanischen Fürsten, die in früherer Zeit über das Gebiet der Altmark herrschten.

Später wurde er zum Wappentier für die Region Mark Brandenburg, aus der die Altmark bzw. die „Alte Mark“ und schließlich der Altmark-Kreis Salzwedel hervorgingen.

„Die Verwendung dieser Symbolik zeigt die enge Verbundenheit mit der Region.“

In der rechten Hälfte des Wappens sind zwei Symbole auf schwarz-rot-goldenem Grund dargestellt. Die Nationalfarben versinnbildlichen die Wahrnehmung von Interessen der Bundesrepublik Deutschland.

Die gekreuzten Schwerter über dem Eisernen Kreuz der Bundeswehr symbolisieren die Teilstreitkraft Heer.

Die geografische Lage des Gefechtsübungszentrums Heer

Das Gefechtsübungszentrum Heer liegt im Bundesland Sachsen-Anhalt und wird durch drei Landkreise, deren Grenzen inmitten des Truppenübungsplatzes liegen, geteilt. Dies sind die Landkreise Börde, Salzwedel und Stendal.

Die Zusammenarbeit mit den drei Landkreisen läuft sehr gut und stellt keine Probleme für das Gefechtsübungszentrum Heer und dessen Auftrag dar.
Man könnte sogar sagen, dass sich im Laufe der Jahre eine Zusammenarbeit entwickelt hat, die sich sehen lassen kann.

Der Truppenübungsplatz *(Bild 1 gelb gekennzeichnet)* liegt im Süden der Altmark, 128 km westlich von Berlin und etwa 40 km nördlich von Magdeburg.
Er ist aus der Vogelperspektive so markant, dass man ihn aus dem Weltall sehen kann, wie die Luftbildaufnahme *(Bild 3)* zeigt.

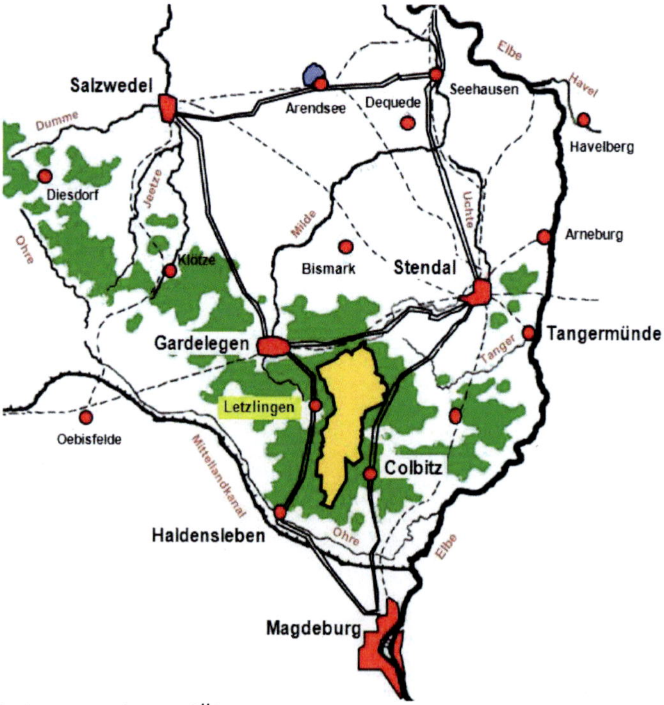

Bild 1: Geografische Lage des GefÜbZH

<u>*Das Gefechtsübungszentrum Heer*</u>

Bild 2: Luftbild der Altmark-Kaserne 2012

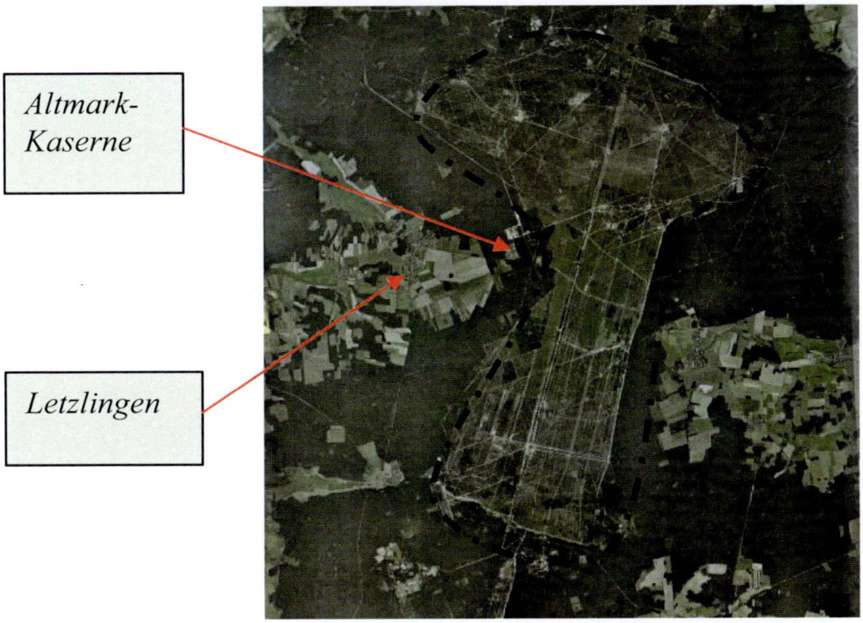

Bild 3: Satellitenbild des TrÜbPl Altmark

Kapitel 1
Historischer Rückblick auf die Colbitz-Letzlinger Heide

Ganz am Anfang
Die Colbitz-Letzlinger Heide
Forstwirtschaft und Staatsjagd

Ganz am Anfang

Ich weiß nicht, wie weit man zurückgehen muss, um sagen zu können *„Ganz am Anfang"*, aber für uns soll der Anfang beim Preußenkönig Friedrich Wilhelm IV. sein. Auch wenn ich zugeben muss, dass die vorhergehende militärische Nutzung ab 1656 durch ein brandenburgisches Regiment, 1672 einer Kompanie zu Pferde und 1688 eines Infanterieregimentes in Gardelegen, nicht nur für Soldaten sehr interessant klingt.

Aber wie gesagt, ich beginne mit Friedrich Wilhelm IV., der 1795 geboren und 1840 zum König von Preußen gekrönt wurde. Er war der Sohn von Friedrich Wilhelm III. von Preußen und Luise von Mecklenburg-Strelitz. Er regierte in der Zeit von 1840 bis 1861.

Ich möchte mit Friedrich Wilhelm IV. beginnen, nicht weil er schon als Kind eine lebhafte Fantasie hatte oder als Romantiker auf dem Thron galt. Auch nicht, weil er viel von kulinarischen Genüssen hielt. Nein, ich fange mit ihm an, weil wir mit ihm eine Brücke aus der Vergangenheit zur Gegenwart schlagen können. Diese Brücke spiegelt sich in den Sehenswürdigkeiten von Letzlingen wieder. Er hat diese Sehenswürdigkeiten erbauen lassen und wir können uns noch heute an ihnen erfreuen. Wenn ich von Sehenswürdigkeiten spreche, dann meine ich da mit das Jagdschloss und die dem Schloss gegenüberliegende Schlosskirche.

Bild 4: Friedrich Wilhelm IV

Friedrich Wilhelm IV. *(Bild 4)* war bekannt als Freund der Künste. Noch heute sind Tausende von Entwürfen, die er selbst gezeichnet hatte, erhalten. Nach seinen Ideen wurden, um nur wenige zu nennen, das neugotische Belvedere auf dem Pfingstberg und die Friedenskirche im Park von Sanssouci errichtet (bzw. ausgeführt). Aber auch der Kölner Dom wurde von ihm zu einer nationalen Aufgabe erklärt.

Als der König auf einer seiner Reisen war, entdeckte er die verfallene Hirschburg *(Bild 5)*, die einst auf den Grundmauern eines normalen Forsthauses in Letzlingen stand. Auf den Grundmauern dieser Burg ließ er 1843 das Jagdschloss errichten, das bis heute noch in einem wahrlich märchenhaften Glanz erstrahlt. Hier in der Altmark wollte er mit seinen Gästen jagen und sicherlich auch ein geeignetes Ambiente für seine Staatsgeschäfte schaffen.

Friedrich Wilhelm IV. hatte selbst Zeichnungen angefertigt, die von den Architekten Friedrich August Stüler und Ludwig Ferdinand Hesse beim Bau des Jagdschlosses unbedingt berücksichtigt werden sollten.

Das 300-jährige Bestehen des Jagdschlosses wurde 1860 gefeiert. Das Jagdschloss war bis dahin zwar erst 17 Jahre alt, aber das sollte keine Rolle spielen, denn ein Schloss bzw. eine Burg stand ja schon seit 1559 an dieser Stelle.

Bild 5: Hirschburg im Jahre 15595

Auch die Schlosskirche *(Bild 6)* wurde nach seinen Wünschen und Zeichnungen in der Zeit von 1857 bis 1861 erbaut. Sie liegt in der Verlängerung der Ost-West-Achse dem Jagdschloss gegenüber und rundet das zauberhafte Bild ab. Bis heute ist diese Kirche in ihrer Baugeschichte und Erscheinung einmalig in der Altmark. Wenn man von Süden her nach Letzlingen kommt, kann man die beiden eng aneinanderstehenden spitzen Kirchtürme bereits von Weitem erkennen.

Bild 6: Schlosskirche 2013

Das Altarbild mit dem Motiv des betenden Christus im Garten von Gethsemane *(Bild 8)* ist, wie die Orgel vom Orgelbaumeister Carl Böttcher *(Bild 7)*, eine Gabe von Königin Elisabeth.

Bei den regelmäßigen Gottesdiensten und bei Konzerten in den Sommermonaten kann man sich an den Klängen der Orgel noch heute erfreuen.

Anlässlich der Hofjagd am 11. Dezember 1861 erfolgte die feierliche Einweihung der Kirche durch den Prinzregenten und späteren König von Preußen und ersten deutschen Kaiser Wilhelm I. Denn Friedrich Wilhelm IV. konnte nicht mehr selbst an der Weihung der Kirche teilnehmen, weil er bereits im Januar 1861 verstorben war.

Bild 7: Kirchenorgel

Bild 8: Altarbild

Wilhelm I. *(Prinzregent 1858-1861, General der Infanterie, König von Preußen 1861-1888 und erster deutscher Kaiser 1871-1888)* hatte Letzlingen mehrfach besucht, um mit seinen privaten Gästen Hofjagden abzuhalten. Die Hofjagden entwickelten sich zu bedeutenden gesellschaftlichen Ereignissen, an denen regelmäßig europäische Monarchen und wichtige Staatsmänner teilnahmen.

Am 13. November 1886 war Kaiser Wilhelm I. *(Bild 9)* mit schon 90 Jahren zum letzten Mal in Letzlingen zur Jagd. Ihm zu Ehren wurde ein Gedenkstein *„Kaiserstein“* (*Bild 10*) an seinem letzten Jagdstand errichtet. Der Kaiserstein befindet sich ca. 500 m vor dem Tor der Altmark-Kaserne, im Zuge eines Waldweges 1.200 m Richtung Norden.

Bild 9: Kaiser Wilhelm I.

Bild 10: Kaiserstein

Letzter Jagdstand
weiland Seiner
Majestät des Kaisers
Wilhelm I.
am 13. November1886

Bild 11: Inschrift Kaiserstein

Interessant und bemerkenswert ist, dass schon zu dieser Zeit dem Kaiser der Vorschlag unterbreitet wurde, hier in der Colbitz-Letzlinger Heide einen Schießplatz zu bauen. Doch Wilhelm I. hatte sich damals zugunsten des Jagdgebietes gegen diesen Vorschlag entschieden. Später wurde bei demselben Vorschlag durch andere leider anders entschieden, aber darauf komme ich in einem späteren Kapitel zurück.

Nachdem Wilhelm I. verstorben war, übernahm sein Bruder Friedrich III. die Regentschaft über das Reich. Er wurde bekannt unter den Namen *„Unser Fritz"* *(Bild 12)* sowie *„99-Tage-Kaiser"*, denn genauso lange regierte er, bis dann dessen Sohn Wilhelm II. (*Bild 13*) 1988 zum König von Preußen und deutschen Kaiser gekrönt wurde. Wilhelm II. war begeisterter Jäger und hatte die Colbitz-Letzlinger Heide sehr häufig zu Hofjagden besucht. Ausgangspunkt der Jagd war dabei immer das Jagdschloss in Letzlingen.

Bild 12: Kaiser Friedrich III.

Bild 13: Kaiser Wilhelm II.

Die Colbitz-Letzlinger Heide war zum größten Teil mit einem ca. 2,5 m hohen Zaun eingezäunt. Diese Einfriedung begann gleichzeitig mit dem Schlossbau und dauerte fast zwei Jahre. Die Hofjagden fanden ausschließlich in diesen umzäunten Abteilungen statt. Treiber jagten das Wild vor sich her, um es den bereits wartenden Schützen vor die Flinte zu treiben. Für die anstehenden Hofjagden wurde das Wild teilweise mit Zügen in die Colbitz-Letzlinger Heide gebracht. So war sichergestellt, dass der König bzw. Kaiser und seine Gäste auch zu einem guten Abschuss kamen. Gerüchte besagen, dass in der Nähe des Kaisers Jäger in den Büschen saßen und immer dann schossen, wenn der Kaiser schoss, um ihm das Gefühl zu vermitteln, dass er das Wild erlegt hat.

In der Zeit von 1900 bis 1913 gab es vermutlich den höchsten Wildbestand in der Colbitz-Letzlinger Heide. Schätzungen gehen von ca. 600 Stück Rotwild, 500 Stück Rehwild, 4.700 Stück Damwild und 1.200 Stück Schwarzwild aus.

Die Bevölkerung war begeistert und wollte natürlich ihren König und Kaiser mit eigenen Augen sehen, wenn er zur Jagd nach Letzlingen fuhr. So kam es, dass von überall her Schaulustige angereist kamen, um einen Blick auf ihren König und Kaiser zu werfen. Immer mehr Polizisten und Forstarbeiter mussten für Absperrungen eingesetzt werden, um eine Gefährdung der Schaulustigen während der Jagd auszuschließen. Dies war wohl einer der Gründe für die Entscheidung, keine Hofjagden mehr in der Colbitz-Letzlinger Heide durchzuführen. Im November 1912 fand die letzte Hofjagd in Letzlingen statt.

Bild 14: Kaiser Wilhelm II. bei einer Hofjagd in Letzlingen im November 1909

Nach dem ersten Weltkrieg und dem Ende der Monarchie gelangte das Jagdschloss in den Besitz der neuen preußischen Regierung. Im Jahre 1922 zog die durch Bernhard Uffrecht und seine Frau Ini gegründete *„Freie Schul- und Werkgemeinschaft“* in das Jagdschloss ein. Bereits im April 1933 wurde die Schule von den Nationalsozialisten geschlossen und als SA-Führerschule genutzt.

Während des Zweiten Weltkrieges ab 1939 wurde das Jagdschloss als Lazarett verwendet. Von 1945 bis 1991 befand sich im Jagdschloss eine kleine Außenstelle des Krankenhauses der Stadt Gardelegen. Vermutlich war einer der Gründe die Belegung des Krankenhauses in Gardelegen durch die russischen Soldaten.

Im Jahre 1996 kam das Jagdschloss in die Obhut der Stiftung Schlösser, Burgen und Gärten des Landes Sachsen-Anhalt, heute Stiftung Dome und Schlösser in Sachsen-Anhalt.

Bild 15: Schloss und Klinik am 11. November 1991

Auf dem obigen Bild sind Holzanbauten zu erkennen, in denen die an Tuberkulose Erkrankten untergebracht waren. Dies könnte einer der Gründe sein, warum das Schloss so lange als Außenstelle genutzt wurde, denn draußen auf dem Land und abseits der Stadt war die Ansteckungsgefahr nicht so groß.

Großzügige Restaurierungs- und Instandsetzungsarbeiten wurden durchgeführt, um das ehemalige Jagdschloss der Kaiser und Könige für die zahlreichen Besucher zu öffnen. Heute wird das Jagdschloss gastronomisch, als Hotel und museal genutzt. In der „Hirschburg", dem ältesten Teil des Schlosses, befindet sich eine Ausstellung, die die Geschichte des Jagdschlosses der Hohenzollern als Jagdherren in der Colbitz-Letzlinger Heide und die Nutzung des Schlosses nach 1918 präsentiert.

Bild 16: Jagdschloss im September 2012

Erzählungen zufolge wurden von Jävenitz nach Letzlingen auf einem Feldsteinweg Eisenbahnschienen gelegt. Auf diesen Schienen konnte der Kaiser, der in der Regel bis nach Jävenitz mit der Bahn fuhr, mit seiner Kutsche fahren. Dadurch wurde die sonst sehr holprige Fahrt für den Kaiser angenehmer. Von den Schienen ist heute jedoch nichts mehr zu sehen.

Bild 17: Kaiser Wilhelm I. bei einer Kutschfahrt

Bild 18: Waldbahn, von Pferden gezogen, von Jävenitz Richtung Letzlingen

Die Colbitz-Letzlinger Heide

Die Colbitz-Letzlinger Heide liegt im Süden der Altmark im Bundesland Sachsen-Anhalt. Sie hat eine Nord-Süd-Ausdehnung von ca. 30 km und eine West-Ost-Ausdehnung von ca. 24 km. Mit einem Höhenunterschied von 70 bis 139 m hebt sie sich deutlich von den angrenzenden Gebieten ab. Der höchste Punkt der Heide ist der Zackelberg mit 139 m.

Das älteste Dorf ist vermutlich das Dorf Sibow, das auf das Jahr 1152 datiert ist. Von Sibow sind jedoch lediglich einige Grundmauern und der Rest des Südgiebels der ehemaligen Kirche übriggeblieben. Die Siedlungen Letzlingen, Dolle und Salchau besaßen zu dieser Zeit keine Siedlungskontinuität. Der Ortsname Letzlingen wurde 1370 erstmals erwähnt, aber der Ort lag danach rund 300 Jahre brach und erlebte seine Wiederauferstehung erst wieder mit Friedrich Wilhelm IV. Im Jahr 1701 wurde Letzlingen als Kolonistendorf neu geboren. Eine forstwirtschaftliche Nutzung der Colbitz-Letzlinger Heide begann im 18. Jahrhundert.

Die Ortschaften Salchau, Dahrenstedt, Schöggersburg und Sibow, um nur einige zu nennen, sind heute nur noch als Namen auf alten Karten verzeichnet.

Im Jahre 1829 wurde das gesamte Waldgebiet in 541 quadratische Abteilungen (Jagen) unterteilt, die auch heute noch in den Waldrändern existieren. Sie wurden durch Waldwege (Gestelle) und behauene Steinen *(Bild 19),* die mit Zahlen und Buchstaben beschriftet waren, gekennzeichnet.

Bild 19: Jagensteine

Im 19. und 20. Jahrhundert kam es zu großen Forstschäden durch Schadinsekten und Waldbrände. Zur Bekämpfung von Schädlingen wurden während der Besatzungszeit der sowjetischen Streitkräfte von Flugzeugen aus Insektizide mit Unterstützung der Soldaten über das Schadgebiet versprüht.

Bild 20: Käferbekämpfung 1948 mit russischer Unterstützung

Letzte Überbleibsel zeigen heute noch Bilder aus der Vergangenheit wie zum Beispiel den Rest des Südgiebels der Kirche in Sibow *(Bild 21)* von Oktober 2012.

Bild 21: Grundmauer der Kirche in Sibow

Gerne hat sich Herr Dr. Karl-Ulrich Kleemann meinen Fragen zur Colbitz-Letzlinger Heide gestellt. Er, wurde 1940 in Cobbelsdorf (Sachsen-Anhalt) geboren, wohnt seit September 1965 mit seiner Frau in der Theerhütterstraße in Letzlingen und ist Vater von zwei erwachsenen Kindern. Er war Assistenz- sowie Stationsarzt und absolvierte eine Ausbildung zum Facharzt für Chirurgie. Von 1973 bis 1974 war er chirurgisch im Armeekrankenhaus in Aden (Südjemen) tätig. Nach seiner Rückkehr arbeitete er als Oberarzt in der Chirurgischen Abteilung des Kreiskrankenhauses Gardelegen und war von 1981 bis 1990 als Ärztlicher Direktor der „Einheit Kreiskrankenhaus/Kreispoliklinik Gardelegen" tätig. Nach der Wende war er von Mai 1991 bis zum Rentenalter im Juni 1995 niedergelassener Chirurg in einer eigenen Praxis in Gardelegen. Seit April 1990 ist er Vorsitzender des Heimatvereins Letzlingen e. V. Seit mehr als 25 Jahren beschäftigt er sich mit Heimatgeschichte und die dazugehörigen Publikationen. 2006 hat er eine Broschüre über das „Heidedorf Salchau" zum Thema 70 Jahre Aussiedlung von Salchau und den „Neubau von 14 Forstdienstgehöften für die Versuchsschießbahn Hillersleben" veröffentlicht.

Herr Dr. Kleemann, wie würden Sie die Colbitz-Letzlinger Heide mit wenigen Sätzen beschreiben?

Die Colbitz-Letzlinger Heide ist ein Teil des südlichen Landrückens, der sich von ehemals Schlesien nordwestwärts bis zur Lüneburger Heide erstreckt. Seine heute sichtbaren oberflächlichen Formen und sein geologischer Aufbau entstanden während des Warthe-Stadiums der Saale-Eiszeit. Die wellige Hochfläche sind die Grundmoräne und die Endmoränen als „Berge". Sandiger Boden überwiegt im Norden, lehmigere und feuchtere Gebiete im Süden, sichtbar an der Vegetation mit Kiefernforsten bzw. Laubwald. Eine Besonderheit ist die Geschiebemergelplatte in Höhe Salchau und die Rupeltonschüssel in der Tiefe mit dem eiszeitlichen Grundwasser. Eiszeitlich sind weiter die Findlinge, die große Anzahl Steine in unterschiedlicher Größe und die Sölle und Dünen. Das Waldgebiet der Colbitz-Letzlinger Heide umfasst etwa 33.000 ha. Seit der Bronzezeit gründeten Germanen und Slawen (Wenden) Heidedörfer in und um die Heide, die meist nach kurzer Zeit aus unterschiedlichen Gründen untergingen, bis zum 15. Jahrhundert brach lagen (z. B. Sibow). Namentlich sind rund 60 Wüstungen in und um die Colbitz-Letzlinger Heide bekannt. Wenige sind ein zweites Mal besiedelt worden (z. B. Salchau oder Letzlingen).

Was sollten die Menschen, die in der Heide leben, oder auch deren Besucher unbedingt über die Colbitz-Letzlinger Heide, wie sie sich heute darstellt, wissen?

Die heute sichtbaren großen Freiflächen im Zentrum der Colbitz-Letzlinger Heide sind die Folge ihrer grundsätzlich veränderten Nutzung, der militärischen Nutzung seit 1935 und dem Ausbau zu einem Truppenübungsplatz nach dem 2. Weltkrieg. In den 1960er-Jahren wurden etwa 600 ha alte Waldbestände zur Bildung einer zweiten Schießbahn westlich der ehemaligen Eisenbahnstrecke zwischen Born und der Colbitzer Straße eingeschlagen. Diesem folgte in den 1980er-Jahren der Einschlag von rund 800 ha uraltem Eichenbestandes (bis 350 Jahre) von der Colbitzer Straße bis zur alten R 71, nach Osten bis Salchau reichend für Panzer-Schießbahnen mit gezogenen Schießscheiben. Der Waldgürtel um den Truppenübungsplatz war in Höhe Barriere Zienau nur noch wenige Baumreihen breit, anderenorts 0,5 bis 2 km breit. Brände durch den scharfen Schuss aus Panzern und Geschützen gab es häufig. Wiederaufforstungen durch die staatlichen Forstwirtschaftsbetriebe waren nur minimal möglich.

Was sollte man über die Geschichte der Colbitz-Letzlinger Heide wissen und wo kann man sich darüber informieren?

Die Geschichte der Colbitz-Letzlinger Heide umfasst wie in der Eingangsfrage beschrieben große Zeitabschnitte, von der eiszeitlichen Entstehung, der Besiedlung einschließlich dem Wüst werden vieler Siedlungen über die Jahrhunderte, die Nutzung vom 15. Jahrhundert bis 1934 mit Waldwirtschaft und Jagd, das Leben im Heidedorf Salchau und in den Forstdienstgehöften sowie die Folgen der militärischen Nutzung bis heute. Wen die Geschichte der Colbitz-Letzlinger Heide interessiert und wer wissen möchte, warum die Bevölkerung der Heidedörfer ihre Heimat so liebt und gerne viel öfter alle Teile der Heide besuchen möchte, kann die Gründe in der Broschüre „Die Colbitz-Letzlinger Heide“ (2011) finden. Zu jedem der 14 Kapitel sind Literaturquellen aufgeführt, die den Interessierten tiefer in die Geschichte eindringen lässt. Exemplare der genannten Broschüre können in der Garnisonsbibliothek ausgeliehen werden.

Was muss man einfach gesehen haben?

Einprägen wird sich das überraschend gesehene Detail, wenn man anschließend darüber etwas liest oder wenn man das gelesene Objekt danach im Gelände findet. Im Dienst sehen die Angehörigen des GefÜbZH sehr viel, sie müssen sich aber auf ihre Aufgaben konzentrieren. Daher wäre ein kultureller Nachmittag und/oder eine Wanderung zu den Objekten mit Hintergrundinformationen zu empfehlen. Gesehen haben sollte man den Kaiserstein, die Förstergräber und die Gedenksteine am Landsberg, den Backenstein als Findling, vorhandene Jagensteine an Wegekreuzungen, unterschiedliche Sölle, wüste Dorfstellen wie Sibow, das alte Schnöggersburg (ehemals Salchau) und andere Attraktionen wie z. B. das Naturdenkmal Lindenwald und die zahlreichen Biotope.

Bild 22: Große Seite eines abgesprengten Backensteins

Bild 23: Die Förstergräber im Juni 2013

Herr Dr. Kleemann, was möchten Sie unseren Soldaten gerne noch sagen?

Der Heimatverein Letzlingen e. V., die anderen Letzlinger Vereine und die Einwohner unseres Ortes möchten häufiger als in den letzten Jahren etwas gemeinsam machen. Wir wünschen uns, dass alle noch vorhandenen Naturdenkmale und Sehenswürdigkeiten in der Colbitz-Letzlinger Heide erhalten bleiben und ihre Umgebung gepflegt werden. Ich wünsche allen Angehörigen des GefÜbZH, dass sie unsere Colbitz-Letzlinger Heide in guter Erinnerung behalten, ihren Dienst hier unfallfrei absolvieren und von ihren Einsätzen im Ausland gesund zurückkehren.

Ich empfehle Ihnen, Herrn Dr. Kleemann beim Wort zu nehmen. Planen Sie Führungen zu den angesprochenen Sehenswürdigkeiten im Rahmen einer kulturellen Weiterbildung, um den TrÜbPl Altmark einmal von einer anderen Seite kennenzulernen.

Bild 24: Grabstein und Grab von Generalleutnant Hermann von und zu Lüderitz

Bild 25: Kriegerdenkmal Salchau vor 1935

Forstwirtschaft und Staatsjagd

Nach der Kaiserzeit war die Jagd nicht mehr so einfach, aber doch noch erfolgreich. Allmählich nahm der Wildbestand ab, da es keine regelmäßige Fütterung mehr wie zur Kaiserzeit gab. Das Wild zog umher, suchte sich Nahrung und richtete dabei teilweise große Schäden in den umliegenden Waldstücken und auf den Feldern an. In den nachfolgenden Jahren konnte man das Wild durch Wildäcker wieder an den Wald binden. Die Nutzung der Jagdgebiete in der Letzlinger Heide durch die nationalsozialistische Führung in den 30er-Jahren war sehr überschaubar.

Zum Thema „Forstwirtschaft und Jagd" nutzte ich die Möglichkeit, Dipl.-Forstwirtin Gudrun Karlsch zu befragen. Frau Karlsch erzählte mir, dass Landwirte gemeldet hatten, dass durch das Wild viele Felder zerstört wurden. Daraufhin veranlasste Hermann Göring, die Heide durch ein Gatter einzuzäunen. Ein solcher Zaun hatte bereits zur Kaiserzeit bestanden. Das Gatter wurde so gebaut, dass großes Wild mühelos hinüberspringen konnte, Wildschweine und anderes Kleintier dagegen durch kleine Durchlässe hinein, aber nicht mehr herauskriechen konnten. Vor den Staatsjagden wurde das Wild in sogenannte Saufänge gebracht und auf Kommando, wie schon zu Kaiserzeiten, vor die Flinten der Jäger getrieben. Der Vater von Frau Karlsch, Hans Welly, der bereits 1923 im Forstamt Jävenitz arbeitete und ab 1932 bis 1945 Revierförster der Försterei Barriere Zienau war, missfiel diese Art des Jagens. Leider konnte er Hermann Göring oder andere Staatsmänner nicht davon überzeugen, diese Jagdart aufzugeben.

Bild 26: Revierförster Hans Welly, Försterei Barriere Zienau

Bild 27: Gesellschaft während einer Staatsjagd

1936 war Göring das erste und letzte Mal in der Colbitz-Letzlinger Heide zur Staatsjagd. Das lag wohl daran, dass sich seine Jagderfolge in Grenzen hielten. Einer sollte dafür verantwortlich gemacht werden, und so wurde ein Schuldiger schnell gefunden. Forstmann Ramlow aus dem Forstamt Colbitz, der bei dieser Jagd Jagdleiter war, wurde versetzt. Da half es ihm auch nicht, dass er die Idee hatte, in den sogenannten Feuerstreifen Saat für das Wild anzupflanzen. Der Feuerstreifen war ein etwa 75 m breiter (meist eingezäunter) Wundstreifen, der einst zur Verhütung von Waldbränden diente, die beispielsweise durch Dampflokomotiven (Funkenflug) entstehen konnten. Dieser Streifen wurde vorwiegend in den Nadelwaldrevieren angelegt.

Bild 28: Staatsjagd um 1941

Frau Karlsch, wie hat sich Ihrer Meinung nach die Forstwirtschaft von der Kaiserzeit bis hin zur heutigen Nutzung durch die Bundeswehr verändert?

Von der Kaiserzeit bis hin zur Nutzung durch die Wehrmacht gab es kaum Einschränkungen bezüglich der forstwirtschaftlichen Nutzung. Die fünf Forstämter Jävenitz, Letzlingen, Colbitz, Burgstall und Planken machten täglich ihre Arbeit.

Hin und wieder gab es sicherlich Einschränkungen aufgrund von Schießvorhaben, aber das war gerade in den Anfangszeiten der Heeresversuchsstelle eher selten. Zu jeder Försterei gehörte damals eine landwirtschaftliche Nutzungsfläche, damit die Förster ihre Gehälter aufbessern konnten. Für die Bewirtschaftung dieser Flächen wurden die Waldarbeiter der jeweiligen Forstämter herangezogen. Wie die Bezahlung erfolgte, kann ich leider nicht sagen, aber ich glaube schon, dass sie dafür eine Entschädigung welcher Art auch immer bekommen haben.

Im Großen und Ganzen kann man sagen, dass es bis 1945 kaum Veränderungen bezüglich der Beförsterung gab. Während der sowjetischen Besatzungszeit hat sich dieser Umstand wesentlich verändert, denn das Betreten des Übungsplatzes war grundsätzlich für alle verboten. Lediglich zur Forstschädlingsbekämpfung oder bei Waldbränden wurden Waldarbeiter in das Innere des Platzes gelassen. Zu dieser Zeit gab es die Oberförsterei Poligon, die genauso wie der Übungsplatz hieß. Es gab keine Waldpflege im Inneren des Schießplatzes und daher konnten nur am Platzrand Bäume gepflegt und gepflanzt werden. Jagden wurden nur von russischen Offizieren und deren Gästen durchgeführt. Auch von außerhalb kamen hohe Offiziere, die an den Jagden teilnahmen. Wie diese Jagden aussahen, kann man nur erahnen, denn der Wildbestand ging so weit zurück, dass kaum noch Wildbestände übrig blieben. Teilweise wurde das geschossene Wild an umliegende Gaststätten verkauft, um das Gehalt aufzubessern. Nach der Wende begann sich das Rad wieder zu drehen, wenn auch anfänglich gegen starken Widerstand in der Bevölkerung. Die Bundeswehr sollte nun die Colbitz-Letzlinger Heide übernehmen und sie wiederum als Übungsplatz nutzen. Es gab Veranstaltungen in Colbitz und Dolle, an denen ich teilnahm und am Ende froh war, wieder heil rauszukommen. Zu viele Gegenstimmen gab es, die nicht einsehen wollten, dass die Heide wieder militärisch genutzt werden soll. Zu viele negative Erfahrungen machten eine überzeugende Argumentation sehr schwierig. Niemand wollte der damaligen Gruppe der Bundeswehr unter Führung von Oberstleutnant Schotte Glauben schenken. Es bildeten sich Landförstereien, und die Förster mussten eine Erklärung unterschreiben, aus der hervorging, dass sie nicht für die Stasi gearbeitet hatten.

Leider wurde später immer wieder festgestellt, dass der eine oder andere doch bei der Stasi gearbeitet hatte und wurde entlassen. Die Bundeswehr war es, die dem Bundesforstamt Räumlichkeiten in der Kommandantur Gardelegen zur Verfügung stellte. So kam es, dass sich das Bundesforstamt ge-

bildete, Forstreviere eingerichtet wurden und die Heide wieder beförstert werden konnte. Im Jahr 2009 wurden die drei Forstämter Klietz, Letzlinger Heide und Burg (später in „Mörser" umbenannt) zu einer Verwaltungseinheit „Bundesforstbetrieb Nördliches Sachsen-Anhalt" zusammengezogen. Im Oktober 2011 feierte die Bundesforst ihr 20-jähriges Bestehen.

Frau Karlsch, wenn wir die geschichtlichen Ereignisse Kaiserzeit, Wehrmachtszeit und Besatzungszeit nebeneinanderlegen würden, welche Gemeinsamkeiten könnte man hinsichtlich der Auswirkungen auf die Forstwirtschaft der Colbitz-Letzlinger Heide erkennen und worin liegt der wesentliche Unterschied zu heute?

Die Einstellung der Forstämter, Förster und gar der Waldarbeiter waren unermüdlich. Wo man konnte, hat man versucht den Wald zu erhalten und neu anzulegen. Gerne wäre man nach großen Waldbränden, die gewaltige Kahlstände verursachten, in die Heide gegangen, um eine Neuanpflanzung vorzunehmen. Aber leider war noch keine geregelte Forstwirtschaft nach 1945 möglich. Weg von Monokulturen und hin zu Mischwäldern ist heute der Schwerpunkt bei Bepflanzungen. Der Pflanzenmangel machte dies eine ganze Zeit lang sehr schwierig.

„Pflanzung ist gute Arbeit, die Saat reine Glückssache."

Bevor ich dieses Thema beende, möchte ich Ihnen noch eine Episode aus den Reihen der Förster erzählen. Während der Besatzungszeit wurde wie bereits erwähnt viel gejagt, aber diese Jagd war den Offizieren vorbehalten. Junge Soldaten, die gewildert hatten, wurden hart bestraft. Ein Förster, der auf seinem Hochstand saß, erspähte Anfang der 80er-Jahre ein Auto mit mehreren Soldaten, die durch die Heide fuhren und anscheinend wilderten. Der Förster wollte durch einen gezielten Schuss in die Reifen das Fahrzeug zum Halten bringen, traf aber den Fahrer, der hinter dem Lenkrad zusammenbrach. Schnell übernahm einer der anderen Soldaten das Fahrzeug und verschwand wohl Richtung Burg. Den Russen schien das mehr oder weniger egal gewesen zu sein, aber die deutsche Gerichtsbarkeit hatte den Förster ermittelt und bestraft.

Kapitel 2
Militärische Nutzung durch die deutsche Wehrmacht und die sowjetischen Streitkräfte

Heeresversuchsstelle Hillersleben
Die sowjetische Besatzung

Heeresversuchsstelle Hillersleben

Nach der Machtübernahme durch die NSDAP und dem Tod Hindenburgs erhielt Professor Becker, General und Chef des Heereswaffenamtes, den Auftrag von Hitler ein geeignetes Gelände für einen Versuchsplatz für weitreichende, großkalibrige Waffen und Munition zu finden. Bereits nach kurzer Zeit hatte General Becker den optimalen Platz für die zukünftige Versuchsanlage identifiziert und die Colbitz-Letzlinger Heide vorgeschlagen.

Sie war aus mehreren Gründen geeignet. Zum einen war die Colbitz-Letzlinger Heide kaum besiedelt und konnte deshalb in kürzester Zeit als Versuchsstelle in Betrieb genommen werden. Zum anderen war die Colbitz-Letzlinger Heide forst- und landwirtschaftlich recht unbedeutend. Das einzige Problem, das sich noch zeigte, bestand darin, dass die Colbitz-Letzlinger Heide das Jagdgebiet von Hermann Göring (Bild 29) war. Göring war zu jener Zeit unter anderem Reichsforstmeister, Reichsjägermeister und Oberster Beauftragter für den Naturschutz. Göring widersprach den Plänen Beckers, die Heide für eine Versuchsstelle zu missbrauchen. Jedoch musste er sich binnen kurzem damit abfinden, da Hitler ihm wohl in einem Gespräch unter vier Augen unmissverständlich klargemacht hatte, dass die Entscheidung gefallen war.

Bild 29: Hermann Göring bei der Jagd

So kam es zu einer entscheidenden Wende in der Altmark. Nichts sollte mehr so sein, wie es einmal gewesen war. Nicht nur die Bevölkerung musste sich auf diese Veränderung einstellen, auch die Natur musste den Bedürfnissen der künftigen Heeresversuchsstelle weichen. Am 8. Dezember 1934 unterschrieb der Reichswehrminister Werner von Blomberg den Erlass zur Aufstellung des Versuchsplatzes Hillersleben in der Colbitz-Letzlinger Heide.

Bereits 1935 ist Hillersleben eine der größten Baustellen Europas. Etwa 70 Mio. Reichsmark kostete das gesamte Projekt mit Kaserne, sonstigen Gebäuden, Eisenbahn und Feldbahn. Um dieses riesige Bauvorhaben umzusetzen, mussten die Ortschaften Paxförde (westlich Hillersleben), Salchau (auf Höhe der Ortschaft Letzlingen), Schnöggersburg im Norden sowie Planken geräumt werden.

Bild 30: Gasthof von H. Baese in Paxförde

Paxförde lag ca. 500 m westlich von Hillersleben und somit unmittelbar in dem Bereich, in dem die Feuerlinie Süd errichtet werden sollte. Die Ortschaften Salchau in der Mitte des Platzes und Schnöggersburg weit oben im Norden lagen inmitten des Zielgebietes. Planken lag direkt auf der westlichen Grenze des Sicherheitsbereiches, musste daher geräumt und ca. 1.000 m westlich wieder aufgebaut werden. Von Paxförde ist heute nichts mehr zu sehen, jedoch sind noch Reste der Ortschaften Salchau und Schnöggersburg zu erkennen. Es wird nicht mehr lange dauern, bis die wenigen noch zu sehenden Spuren der Ortschaften von der Natur verschlungen werden.

In Salchau wird noch bis heute ein Treffen ehemaliger Bewohner mit Unterstützung der Bundeswehr durchgeführt (Bild 31). Den Namen der ehemaligen Siedlung Schnöggersburg wird man wieder häufiger zu hören bekommen. Aber zur „Wiederauferstehung" der Ortschaft Schnöggersburg (zumindest dem Namen nach) möchte ich später noch etwas ausführlicher im Kapitel Zukunft berichten.

Bild 31: Salchautag 2012

Die ehemaligen Bewohner der zu räumenden Ortschaften sollten finanziell entschädigt werden und in die umliegenden Regionen umgesiedelt und wenn nötig zwangsumgesiedelt werden. Allein in Salchau waren 104 Familien betroffen. Beauftragte der Reichsumsiedlungsgesellschaft hatten den Wert jedes einzelnen Ackerstücks abzuschätzen. Es wurden Verhandlungen mit jedem Besitzer über Verkauf, Tausch, Entschädigung usw. durchgeführt und am Ende des Jahres war so gut wie alles erledigt.

Auch die Ortschaft Schnöggersburg musste geräumt werden, um das Projekt Heeresversuchsstelle wie geplant zu realisieren. Schnöggersburg lag wie bereits erwähnt im Norden des Platzes inmitten der geplanten Schussschneise. Der Ort war nicht besonders groß und bestand nur aus wenigen Häusern einer Oberförs-

terei und einer Gaststätte sowie einigen Scheunen. Erich Zühl, der 1929 geboren wurde, erzählte mir von seinen wenigen Bildern, die er noch vor Augen hat. Sein Vater wurde 1899 in Schnöggersburg geboren und ging in Staats zur Schule. Täglich musste er zu Fuß die 6 bis 7 km zur Schule hin- und zurücklaufen.
Nach seiner Schulzeit ab 1913 ging er zunächst in die Landwirtschaft, um sein Brot zu verdienen, bis er dann in den Krieg zog, in dem er schwer verwundet wurde. Herr Zühl konnte sich noch erinnern, dass er 1934 mit seinem Vater oft mit dem Fahrrad nach Schnöggersburg zu seinem Onkel Albert Horn gefahren ist, der dort noch mit seiner Familie lebte. Ende 1934/Anfang 1935 mussten sie dann aber ihr Haus räumen und zogen nach Schorstedt bei Stendal.

Bild 32: Försterei in Schnöggersburg

Herr Zühl erzählte mir, dass er im Rahmen der Heidewanderung mit seinem Fahrrad über Letzlingen nach Schnöggersburg gefahren ist und er dabei immer wieder bekannte Bilder vor Augen hatte.

Von Erich Bauke ließ er sich einige Daten über den Ort Schnöggersburg zusammentragen, die er mir zur Verfügung stellte. Darin heißt es, dass der Name der Ortschaft Schnöggersburg vom Familiennamen Schnögger, der in einem Kirchenbuch in Staats erstmals als *„Heidereiter"* erwähnt wird, abgeleitet wurde. Als das Sterben von Schnöggersburg 1935 begann und die Betonstraße parallel durch Schöggersburg führte, wurden die Gebäude und die Försterei abgerissen. Die Gebäude der Gastwirtschaft blieben jedoch über die gesamte Zeit der Heeresversuchsstelle als solche erhalten und wurden auch genutzt.

Erst nach 1946 wurden die übriggebliebenen Gebäude durch die Besatzungstruppen abgerissen. Heute kann man lediglich noch eine Ruine eines ehemaligen Wohnhauses und den Brunnen erkennen.

Der Aufbau der Versuchsstelle Hillersleben ging zügig voran und war ein begehrter Arbeitsplatz. Aus allen Richtungen kamen große und kleine Baufirmen wie zum Beispiel die Großfirmen Holzmann, Freitag und Weiß. Viele andere Firmen kamen mit Spezialisten, ihren Geräten und wirkten an dem Riesenprojekt mit. Hillersleben war zu einem der größten Arbeitgeber in der Altmark geworden. In Spitzenzeiten waren etwa bis zu 4.000 Personen in Hillersleben beschäftigt. Eine ca. 28 km lange und 700 m breite Schussschneise wurde in das bis dato größte zusammenhängende Waldgebiet von ca. 33.000 ha geschlagen. Dafür wurden neun Versuchsplätze und mehrere Testanlagen sowie Versuchsstationen errichtet. Die Versuchsplätze wurden mit den Buchstaben A bis I durchnummeriert und wurden im Schwerpunkt im Norden des Platzes angelegt.

Die dargestellte Karte *(Bild 34)* zeigt die Colbitz-Letzlinger Heide noch vor der Rodung. In Rot dargestellt ist die Schussschneise, die geschaffen werden sollte. Weiterhin sind die Versuchsplätze A bis I (ohne G-Platz, da dieser nie gebaut wurde) sowie die Feuerstellungen Süd, Salchau, 27 und 28,5 dargestellt. In den Jahren 1936 bis 1937 entstand bei Hillersleben das sogenannte Beamtenviertel *(Bild 33)*, hier wohnten ca. 350 Zivilbeschäftigte.

Bild 33: Beamtenviertel in Hillersleben

Die etwa 3.000 Personen der Heeresversuchsstelle waren einem Obersten unterstellt. Diese Anzahl verringerte sich im Verlaufe des Krieges jedoch drastisch. Wenn zu Beginn noch 30 bis 40 Offiziere, 20 bis 30 Unteroffiziere bzw. Mannschaften, 70 Ingenieure und 2.900 Arbeiter (davon ca. 1.000 Frauen) beschäftigt waren, wurden am Ende des Krieges nur noch 500 Männer beschäftigt, die zwischen 50 und 80 Jahre alt waren. Der andere Teil der Beschäftigten bestand aus etwa 2.000 Frauen und 800 nicht kampftauglichen Soldaten. Aber auch Kriegsgefangene wurden zu Arbeiten eingeteilt.

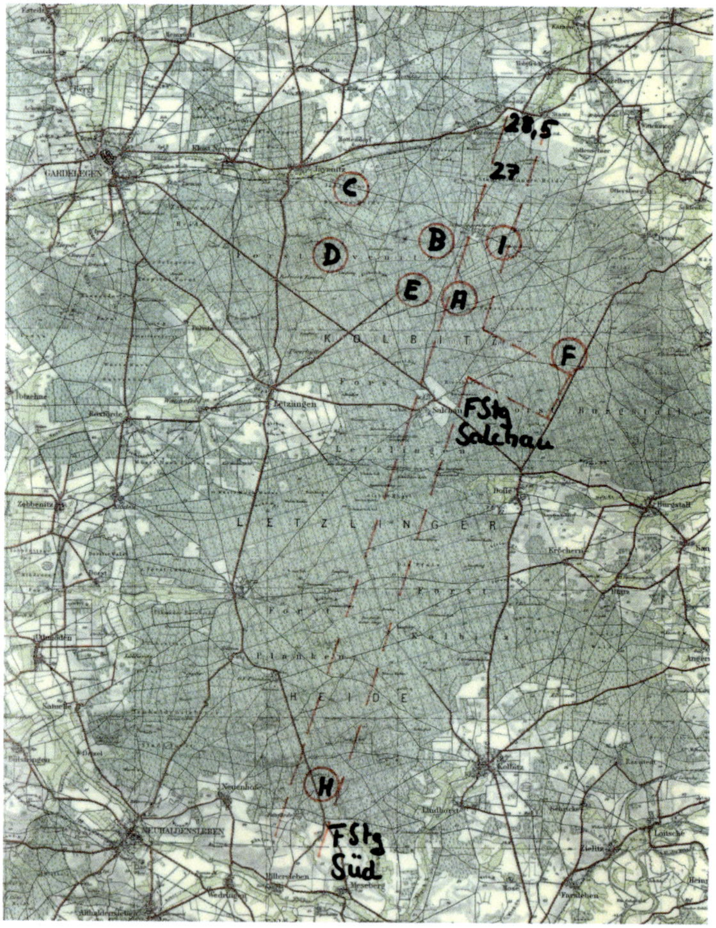

Bild 34: Karte vor 1935 und Lage der geplanten Versuchsplätze A-I

Die materielle Ausstattung umfasste unter anderem eine eigene Eisenbahnanlage mit Anschluss an das nationale Schienennetz. Auf einer Treidelbahnanlage wurden unterschiedliche Untergründe zur Erprobung einzelner Anhängertypen und Lafetten getestet. Zahlreiche mobile Notstromaggregate, zwei eigene Pumpwerke in Hillersleben-Süd und eines in Hillersleben-Nord mit 50 m tiefen Brunnen, zwei Heizwerke in Hillersleben-Süd und ein eigenes Klärwerk waren Teile der umfangreichen Infrastruktur der Versuchsstelle.

Zum Richtfest der Heeresversuchsstelle erhielten die Arbeiter die hier abgebildeten Krüge, von denen es zwei Arten gab. Die Aufschriften der Vorderseite lautete zum einen „Versuchsplatz“ *(Bild 35a)* und zum anderen „Schießplatz“ *(Bild 35a)*. Auf der Rückseite stand bei beiden Krügen *„Hillersleben“ Bild 35b)*.

Bild 35a: Steinkrug Rückseite

Bild 35b: Steinkrug Vorderseite

Die Schießplätze und Versuchsplätze verfügten über einen Anschluss an das örtliche Schienennetz. Mit Triebwagen und einem Kraftfahrzeugpendelverkehr wurden die Arbeiter der Versuchsplätze täglich zu ihren Einsatzorten auf den gesamten Platz gebracht und wieder abgeholt. Auf dem Bild ist das Gleis, das von Süden nach Norden verlief und heute vollständig verschwunden ist, dargestellt.

Bild 36: Schienen auf dem TrÜbPl Altmark

Wie bereits erwähnt, wurden mehrere Versuchsanlagen auf dem Platz verteilt angelegt. Auf ihnen sollten die verschiedensten Versuche mit Waffen, Munition und Treibstoffen stattfinden. Nach und nach wurde eine Anlage nach der anderen aufgebaut und in Betrieb genommen. Der Schwerpunkt der Versuchsstelle lag in der Erprobung großkalibriger Munition und weitreichender Waffen. Im Folgenden möchte ich die Versuchsplätze, Testanlagen und Versuchseinrichtungen mit einigen kurzen Sätzen beschreiben.

Auf dem **A-Platz** *(Bild 38)* wurde das Befestigungswesen erprobt. Er bestand im Wesentlichen aus einem maßstabsgetreuen nachgebauten Abschnitt des Westwalles, *„Werkgruppe Scharnhorst"* und war bis auf die Geschütztürme voll funktionsfähig. Einige Szenen aus dem Film „DER WESTWALL" wurden ebenfalls hier in Hillersleben auf dem A-Platz gedreht. Der Propagandafilm sollte dazu dienen, den Fortschritt des Bunkerbaus am Westwall aufzuzeigen, da der eigentliche Westwall bis 1939 nur eine riesige Baustelle war. Jedoch wies der gedrehte UFA-Streifen einen entscheidenden Fehler auf. Die Soldaten in diesem Film trugen das geheime Erkennungszeichen der Heeresversuchsstelle Hillersleben (VH) an ihren Uniformjacken *(Bild 39)*. Folglich musste der Film entsprechend gekürzt und geschnitten werden, damit der Schwindel nicht auffiel. Auf dem kleinen Bild rechts oben steht ein Amerikaner vor den Geschütztürmen (Bild 37), die noch bis 1945 standen.

Bild 37: Geschütztürme

Bild 39: Schulterklappen VH

Bild 38: Bunkereinfahrt auf dem A-Platz

In dem 16 m tiefen Einschnitt konnte man mit einer Bahn in den Bunker auf dem A-Platz einfahren und in der Nähe der Anlage standen noch wohlbehaltene Geschütztürme. Außerdem waren Eingangstor, Schmalspurgleis, elektrische Generatoren, Luftgebläse, Luftreiniger, Wasserpumpen, Fernsprechleitungen und Stromleitungen intakt. Die Aufzüge und das gesamte Feuerleitgerät waren ebenfalls unbeschädigt geblieben und hätten wohl in kürzester Zeit mit geringem Aufwand wieder in Betrieb genommen werden können.

Nachdem die sowjetischen Streitkräfte den Platz übernommen hatten, wurde versucht die Bunkeranlage auf dem A-Platz wie auch alle anderen Anlagen zu sprengen. Doch die gewaltigen Betonanlagen trotzten der Sprengkraft und säumen daher bis heute die Wege des TrÜbPl Altmark. Nach wie vor lassen sich die gewaltigen Ausmaße der Anlage des A-Platzes an den zahlreichen tiefen Kratern erkennen. Dieser Bereich ist **gesperrt** und kann nur mit fachkundiger Führung im Ausnahmefall betreten werden. Auf den unten dargestellten Bildern sind die gesprengten Geschütztürme und Ausgrabungen auf dem A-Platz zu sehen.

Bild 40: Geschütztürme und Ausgrabungsstelle

Peter und Stefan Simank drehten im Auftrag des MDR im Jahre 2003 einen Dreiteiler mit dem Titel „Geheimprojekt Hillersleben", in dem unter anderem die Begehung der Bunkeranlage zu sehen ist. Das einzige übriggebliebene Relikt war der 6-Zylinder-Dieselmotor, der für die Stromversorgung benötigt wurde. Seit jener Zeit ist der Eingang versiegelt und wird nur noch von zahlreichen Fledermäusen als Unterschlupf genutzt.

Der **B-Platz** *(Bild 41)* wurde zur Erprobung von beton- und panzerbrechenden Geschossen genutzt. Die ca. 500 m lange Feuerlinie war mit Kalibern 8,8 cm bis 60 cm Geschützen bestückt. Als Ziele wurden unter anderem Geschütztürme des Westwalls, alle Sorten von Panzerplatten und Panzerwannen genutzt.
Der B-Platz hatte eine Ausdehnung von 600 m x 800 m und besaß ein Stichgleis, das an der Hauptbahnstrecke an seiner linken Seite angeschlossen war.

Bild 41: B-Platz

Die Versuchseinrichtung wurde von einem 130 t schweren Kran auf drei je 30 x 13 m breiten Gerüstspuren bedient. Es wurden Ablenkungsversuche der Geschosse auf unterschiedlichen Winkeln der 70 bis 250 mm dicken Betonplatten getestet. Im gesamten Bereich standen noch vier kleinere Beobachtungsbunker. Auch die Geschütztürme des A-Platzes und viele Panzerplatten wurden hier beschossen und eingelagert. Panzerwannen des Typs Königstiger und weitere nicht identifizierte Panzerwannen wurden hier aufgefunden. Hinter der Schießbahnbasis befanden sich außerdem Munitionslager und ein Gasthaus (vermutlich das Gasthaus von Schnöggersburg), das als Büro genutzt wurde.

Der **C-Platz** *(Bild 42)* wurde 1938 fertiggestellt. Hier wurden alle Arten von Artilleriewaffen erprobt. Vorhanden waren unter anderem ein zum Teil unterirdisch errichteter, mehrstöckiger Bunker zur Geschwindigkeitsmessung der abgefeuerten Geschosse, ein Gleisanschluss und weitere technische Einrichtungen. Der C-Platz hatte eine Ausdehnung von 600 m x 1.000 m für Beschussversuche an Betonplatten und Betonblöcken *(Bild 43)*.

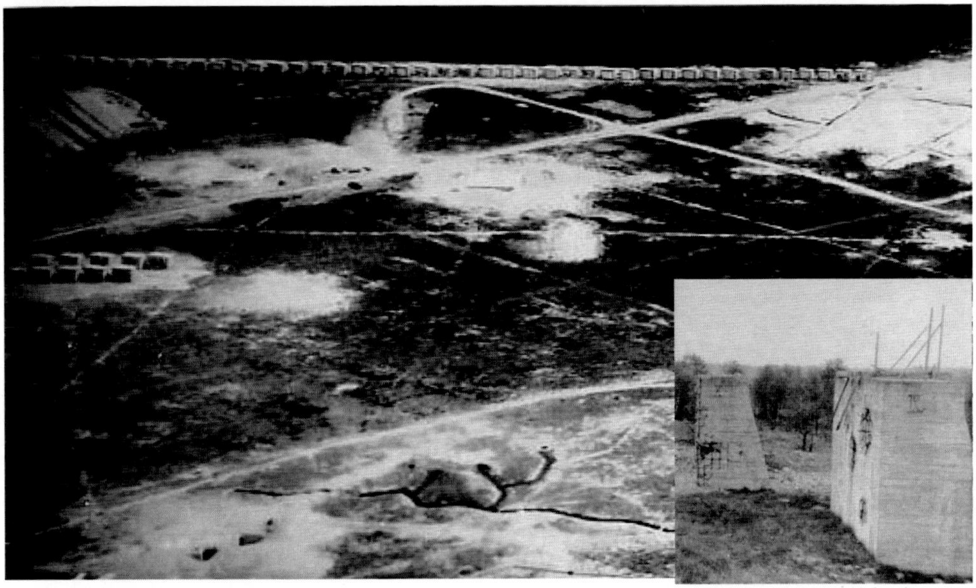

Bild 42: C-Platz *Bild 43: Betonblock*

Die Betonblöcke waren etwa 5,4 m x 3 m groß mit einer Dicke von mindestens 2 m. Auf dem Bild kann man noch gut die Betonblöcke erkennen, die man beschossen hatte. Zum Teil stehen diese Blöcke noch an gleicher Stelle.
Hier wurden Abschussmöglichkeiten von mobiler Artillerie erforscht, wobei die Schussrichtung nach Süden gerrichtet war. Von den Zieleinrichtungen sind heute nur noch Trümmer vorhanden. Unter anderem wurden hier vermutlich Forschungsarbeiten im Hinblick auf Befestigungen durchgeführt, denn eines der Gebäude war mit einer Bibliothek, Berichten über Geologie und Studien aus der ganzen Welt ausgestattet. Zu den zahlreichen Fundstücken auf dem C-Platz zählte auch eine Art Druckmessgerät, das jedoch abtransportiert wurde.

Der **D-Platz** *(Bild 44)* diente vermutlich der Erforschung von Infanteriehindernissen und Panzersperren. Auch Flammenwerfer und Splitterwirkungstests wurden auf der Anlage erprobt. Drei Bunker standen auf der Anlage; von diesen waren zwei Bunker sogar dreistöckig und mit einer halbrunden Stahlkuppel abgedeckt. Ein Eisenbahnanschluss oder eine elektrische Versorgung existierten nicht. Der Platz war etwa 400 m x 600 m groß; bis heute konnte seine Funktion nicht abschließend geklärt werden.

Bild 44: D-Platz

Vermutlich wurden hier unter anderem Versuche mit der „Windkanone" oder auch „Luft-Pumpe" *(Bild 45)* zur Bekämpfung von Tieffliegern durchgeführt. Man versuchte mit Pressluft (bestehend aus zwei Teilen Sauerstoff und einem Teil Wasserstoff), die zur Detonation benötigt wurde, tief fliegende Flugzeuge vom Himmel zu schießen. Bei Versuchen konnte man 25 mm starke Bretter noch in 200 m Höhe zum Zersplittern bringen.

Die Rohrlänge betrug 12 m und hatte einen Durchmesser von 70 cm.

Es ist davon auszugehen, dass die Windkanone im Januar 1945 in Magdeburg einmalig zum Einsatz kam.

Bild 45: Windkanone

Auf dem **E-Platz** *(Bild 46)* ermittelte man ab 1938 Eindringtiefen bei verschiedenen Beschussversuchen durch Hohlladungsgeschosse auf Stahlplatten *(Bild 47)* verschiedener Stärken. Verwendet wurden hierbei Kaliber 7,5 cm (auch leitwerkstabilisiert), 8,8 cm und 10,5 cm Artilleriewaffen und Mörser sowie Panzerfäuste. Auf dem Bild ist zu sehen, dass der gesamte Kugelfang von einem etwa 5 m hohen Sandwall umgeben war. Seine Ausdehnung betrug 300 m x 425 m und er war mit einer 100 m langen Schießbahn und einem Messhaus mit Zündlager ausgestattet. Im unteren Bild ist eine Beschussplatte mit noch darin befindlichen Geschossköpfen einer Granate abgebildet.

Bild 46: E-Platz

Bild 47: Beschussplatte mit Geschossköpfen

Mit Minen gegen Fahrzeuge und Panzerböden wurden auf dem **F-Platz** (Bild 48) ab 1940 Untersuchungen durchgeführt. Aber auch das Räumen von Minen war hier erprobt worden. Die Fahrzeuge wurden mit einer Winde *(Bild 49)* mit ca. 20 km/h mittels eines Dieselmotors über einen verminten Boden des 200 m x 1.000 m großen Versuchsplatzes gezogen.

Bild 48: F-Platz

Die Anlage auf dem **G-Platz,** der als Befehlsaußenstelle mit den dazugehörigen Gebäuden und technischen Einrichtungen dienen sollte, wurde nie fertiggestellt oder teilweise in Betrieb genommen. Die Baupläne lassen vermuten, dass etwa neun Büros, acht Quartiere und sechs kleinere Munitionslager gebaut werden sollten. Lediglich zwei Betonsegmente wurden entdeckt.

Bild 49: Bunker mit einer Seilwinde

Der **H-Platz** war wohl einer der geheimsten Plätz des Versuchsplatzes Hillersleben. Die ortsfeste Lafette mit Beobachtungs- und Munitionsbunkern sowie ein Gleisanschluss dienten der Aufnahme von Geschützrohren verschiedener Kaliber. Mit Kaliber 80 cm war das Rohr des Geschützes „Dora" das größte je zum Einsatz gekommene Kaliber.

Die Entfernung zu den Geschossfängen betrug nur 240 m und der „Spitze Berg" sorgte dafür, dass die Geschosse mit bis zu 5 t und einer Geschwindigkeit von 1.200 km/h abgestoppt werden konnten. Das Rohr mit Verschluss wog ca. 400 t und war über 34 m lang. Am 10. September 1941 wurde dieses Kaliber zum ersten Mal geschossen und eine 3,5 m starke eisenarmierte Betonwand durchschossen. Aber auch Versuche mit Feldartillerie wurden hier durchgeführt. Die Anlage bestand aus zwei nebeneinanderliegenden Schießbahnen. Die rechte Bahn ist mit den zwei 80 cm langen Rohren auf einer Lafette zu erkennen, links daneben liegt eine etwas kleinere Schießbahn für Waffen bis zu 7,5 cm. Dahinter befanden sich mehrere Treibstofflagermagazine und Munitionsvorbereitungshäuser.

Bild 50: H-Platz 1.000 m x 1.400 m, mit unterirdischen Beobachtungspunkten

Auf dem **I-Platz** wurden Beschusstests verschiedener Bunkergebäude mit einer beweglich gehaltenen Waffe Kaliber 42 cm durchgeführt. Es handelte sich hierbei um eine Anlage für Vertikalschussversuche aus bis zu 16 m Höhe. Getestet wurden vermutlich 14 Betonanlagen und acht Befestigungsanlagen.

Hillersleben war möglicherweise Versuchszentrum für das V3-Projekt. Im Mittelpunkt stand hierbei der sogenannte „Röchlingsspeer", der in der Lage war, 4 m dicke Stahlbetonwände zu durchschlagen.

Bild 51: Der I-Platz 400 m x 600 m mit Anlage für den Vertikalbeschuss

Möglicherweise wurden auch Untersuchungen an einer Kurzvariante der Hochdruckpumpe (Bild 52/53) unternommen. Mit dieser Hochdruckpumpe sollte der sogenannte „Röchlingsspeer" auf eine Geschwindigkeit von etwa 1.000 m pro Sekunde gebracht werden. Die ersten Versuche mit der Hochdruckpumpe, auch „fleißiges Lieschen" genannt, fanden Anfang 1942 statt. Im Mai 1943 wurden durch deutsche Waffenfirmen und Munitionsfabriken Versuche mit der Hochdruckpumpe vorgeführt. Die Rohrlänge betrug etwa 124 m mit Zwischenstücken und Pulverkammern. Der „Röchlingsspeer" selbst war ca. 3,16 m lang und hatte ein Kaliber von bis zu 21 cm. Das Gewicht betrug ca. 140 kg mit 25 kg Sprengstoff. Über den Ärmelkanal wollte man den „Röchlingsspeer" (Bild 54) gegen England einsetzen. Berechnungen ergaben, dass eine Geschwindigkeit von 1.500 m/s nötig sind, um die Geschosse über eine Entfernung von 160 km verschießen zu können. Mit einem kürzeren Rohr wurde in Hillersleben eine Entfernung von bis zu 8 km erzielt.

Bild 52: Hochdruckpumpe

Bei einer Erprobung in der Ostsee im Januar 1944 hatte man festgestellt, dass die Geschosse wegen ihrer schlechten Stabilität, dem zu hohen Treibladungsverbrauch und der geringen Feuergeschwindigkeit (ein Schuss in 5 Minuten) nicht brauchbar waren. Den nebenstehenden „Röchlingsspeer" können Sie in der Ausstellung GefÜbZH im Original betrachten.

Bild 53: Hochdruckpumpe

Bild 54: Röchlingsspeer

Neben den Versuchsplätzen wurden auf den verschiedensten Testanlagen auch Waffen und Munitionen getestet. In der Feuerstellung Salchau wurden verschiedene Tests durchgeführt. Zum einen fanden auf einer kleinen Schießbahn Experimente mit Panzerabwehrwaffen statt. Hier standen etwa 50 Panzerwracks, wie in dem Bild unten deutlich zu erkennen ist. Im Süden befand sich ein Messturm, der noch heute dort steht. Die Funktionsweise des Messturms konnte bisher nicht vollständig geklärt werden. Im Osten von Salchau befand sich eine dritte Einrichtung, die vollkommen von Beton und einem Sandwall umgeben war.

Bild 55: Luftbild der Feuerstellung Salchau 1945

Bild 56: Feuerstellung Salchau 1945 mit zahlreichen Panzerwracks

In der Feuerstellung 28.500 im Norden des Platzes befand sich ein einfacher Schießplatz mit zwei Schießbahnen und je zwei Geschossfänge. Hier wurde vermutlich die Wirkung kleinerer Kaliber 3,7 cm bis 5,7 cm auf Panzerplatten getestet.

Bild 57: Testanlage 28.500

Bild 58: Feuerstellung 27.000

Die Feuerstellung 27.000 war eine etwa 100 m lange Schießbahn, eine als Panzerschießplatz eingerichtete Testanlage für Versuche bis 10,5 cm. Daneben gab es kleinere Einrichtungen zur Fertigung von Munition. Auf der etwa 100 m langen Schießbahn mit Schussrichtung nach Norden wurde auf Platten mit einer Stärke bis zu 20 cm geschossen.

Bild 59: Feuerstellung Staats

Die Versuchsstation „Staats“, ca. 1.500 m westlich von der Ortschaft Dolle gelegen, war eine 2 ha große Anlage. Hier wurden Schall- und Blitzexperimente sowie meteorologische Untersuchungen durchgeführt.

Zu guter Letzt gab es noch eine Versuchsstation in Planken, die vermutlich von einer Kommunikationseinheit genutzt wurde. Die Funktion konnte jedoch nicht vollständig geklärt werden. In Dolle befand sich eine unterirdische Schallmessstation für Schusstafeln und Bodentrefferbilder.

Im Süden bei Hillersleben war das Zentrum der gesamten Anlage angelegt. Hier an der Basis wurden Versuchslabore und Werkstätten betrieben und die Experimente ausgewertet. Auch Munition wurde hier gefertigt, gelagert und für angeordnete Versuche vorbereitet. Etwa 200.000 Schuss Artilleriemunition wurden pro Jahr zu Forschungszwecken abgefeuert. Ungefähr 1.000 m nördlich der ehemaligen Kaserne befand sich die sogenannte Treidelbahn *(Bild 61)*, die dem Test von Waffentransportsystemen diente.

Bild 60: Feuerstellung Hillersleben

Bild 61: Treidelbahn

Bild 62: E-Lok

Auf der Treidelbahn wurden mithilfe der Lok *(Bild 62)* verschiedene Fahrzeuge und Objekte über das Versuchsfeld gezogen, um die Auswirkungen diverser Untergründe auf unterschiedliche Fahrzeuge zu testen.

Am 28. Mai 1935 fällt um 9:00 Uhr auf der Heeresversuchsstelle der erste Schuss. Ihm folgen bis zur Übernahme durch die Bundeswehr mehrere Millionen. Noch heute hat die Bundeswehr stets vor Augen, was in der Zeit von 1935 bis 1994 an Munition auf dem 230 km² großen Übungsplatz verschossen wurde. Doch darauf komme ich in dem Kapitel Munitionsberäumung noch einmal zurück.

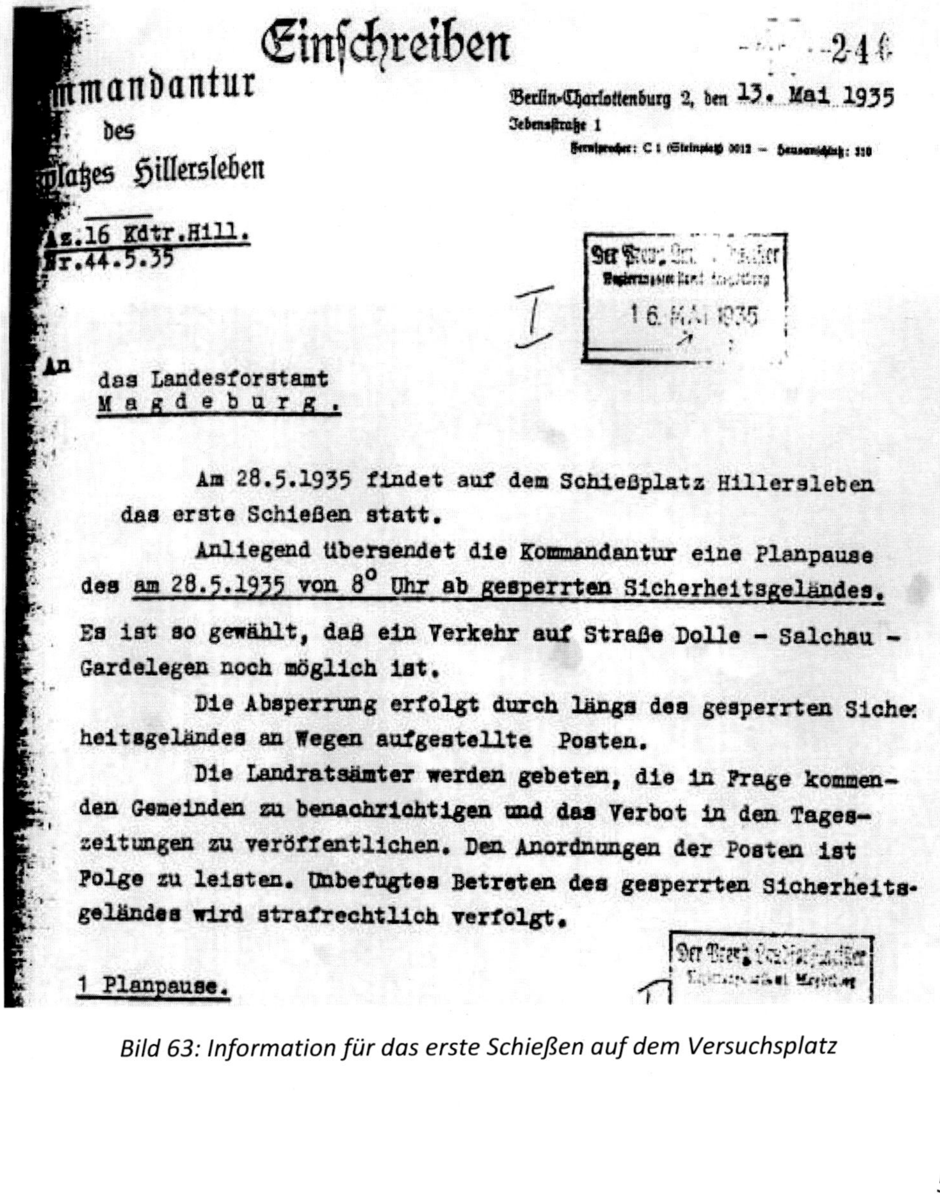

Einschreiben

...mmandantur
des
...platzes Hillersleben

Az.16 Kdtr.Hill.
Nr.44.5.35

Berlin-Charlottenburg 2, den 13. Mai 1935
Jebensstraße 1

16. MAI 1935

An
das Landesforstamt
Magdeburg.

Am 28.5.1935 findet auf dem Schießplatz Hillersleben das erste Schießen statt.

Anliegend übersendet die Kommandantur eine Planpause des am 28.5.1935 von 8° Uhr ab gesperrten Sicherheitsgeländes. Es ist so gewählt, daß ein Verkehr auf Straße Dolle – Salchau – Gardelegen noch möglich ist.

Die Absperrung erfolgt durch längs des gesperrten Sicherheitsgeländes an Wegen aufgestellte Posten.

Die Landratsämter werden gebeten, die in Frage kommenden Gemeinden zu benachrichtigen und das Verbot in den Tageszeitungen zu veröffentlichen. Den Anordnungen der Posten ist Folge zu leisten. Unbefugtes Betreten des gesperrten Sicherheitsgeländes wird strafrechtlich verfolgt.

1 Planpause.

Bild 63: Information für das erste Schießen auf dem Versuchsplatz

Dass man mit dem Geschütz „Dora“ (Bild 64) in Hillersleben geschossen hat, muss ich verneinen. Lediglich die Rohre des Monstrums wurden auf dem H-Platz der Versuchsstelle Hillersleben angeschossen. Mit mehreren Zügen musste die „Dora“ zu ihrem Einsatzort gebracht und mit mehr als 500 Mann aufgebaut werden. Allein 4.000 Mann waren damit beschäftigt, die Doppelgleise, auf der das Geschütz aus seiner Deckung gefahren ist, aufzubauen.

Bild 64: Geschütz Dora

<u>Zusammenstellung der wichtigsten Daten und Leistungen:</u>

Kaliber:	800 mm
Gewicht und Länge der Granate:	Panzergranate 7.100 kg, 3,93 m, Sprenggranate 4.800 kg, 5,4 m
Schussweite:	28 bis 48 km, je nach Ladung
Durchschlagsleistungen:	Stahl 1 m, Eisenbeton 8 m, gewachsener Boden 32 m
Rohrlänge:	32,48 m
Rohrgewicht mit Verschluss:	400.000 kg
Feuergeschwindigkeit:	ca. drei Schuss in der Stunde

Bisher hieß es, dass die „Dora“ einmal im Einsatz (Festung Sewastopol) war und 48 Panzer- sowie fünf Sprenggranaten abgegeben hat. Dass sie anschließend zerlegt und nach Leningrad gebracht wurde, ist ebenso unbestritten. Ein Zeitzeuge sprach davon, dass die „Dora“ in Leningrad drei Schuss abgegeben haben soll. Er selbst war dort eingesetzt und hat das Bild mit einem Einschlag der 80-cm-Granate auf der Festung Sewastopol sowie ein Bild von den Gleisen der Schießkurve in Leningrad zur Verfügung gestellt.

Bild 65: Einschlag „Dora“- Geschoss

Bild 66: Größenvergleich Bodenstück des Verschlusses

Bild 67: Doppelgleise in Leningrad für das Geschütz „Dora“

Eine weitere Wunderwaffe war der Mörser „Karl“ mit einem Kaliber von 60 cm auf einer Vollketten-Selbstfahrlafette. Die Geschosse wogen 2,2 t und der gesamte Mörser 124 t; sein Rückstoßdruck lag bei ca. 700 t. Insgesamt gab es sechs dieser Geräte mit unterschiedlichen Namen wie z. B. Odin, Thor oder Baldur. Von Juni 1938 bis 1940 wurden in Hillersleben die ersten Versuche mit diesem Geschütz durchgeführt. Um den Mörser über größere Distanzen transportieren zu können, wurde er als Einzellast auf Spezialwaggons verladen. Beim Landmarsch über kürzere Strecken wurde er in mehrere Teile zerlegt und mit Culemeyer-Fahrzeugen transportiert.

Der Mörser kam in Polen und in der Sowjetunion zum Einsatz, konnte aber nur wenig bewirken. Erst beim Einsatz auf die Festung Sewastopol konnte er nennenswerte Ergebnisse erzielen. Am Bau beteiligt waren unter anderem die Firmen Rheinmetall, Mercedes, Skoda und Krupp. 1943 bis 1944 wurde das Kaliber des Mörsers auf 54 cm verringert.

Rüstungsminister Speer war mehrere Male in Hillersleben, denn aus „Karl“ sollte eine Wunderwaffe werden. Bei Salchau standen noch 1946 die Tragschnabelwagen *(Bild 68)*, mit denen der Mörser transportiert wurde.

Bild 68: Tragschnabelwagen in Salchau

Bild 69: Absetzen des Geschosses mithilfe eines Krans auf die Ladevorrichtung.

Bild 70: Besichtigung des Mörsers „Baldur“ auf der Heeresversuchsstelle Hillersleben

In den letzten Wochen des Krieges glich die Heeresversuchsstelle Hillersleben einer Geisterstadt und man hörte wohl hier und da einen Klopfsender von der britischen Insel. Von allen Seiten rückte der Feind heran, das Material wurde knapp, der Eifer der Kriegsgefangenen ließ nach und es kam zu Stauungen bei den Anlieferungen aus den Rüstungsbetrieben. Dass in Hillersleben nachweisbar die Fertigung und Montage von Panzerabwehrwurfkanone (PAW) 600 und in geringem Umfang PAW 1.000 produziert wurde, ist ein sicheres Zeichen dafür, dass hier auch Rüstungsproduktion durchgeführt wurde.

Das Ende war nahe, das war für alle keine Frage mehr. Am 1. April 1945 wurde die Anweisung erteilt, die Versuche auf der Heeresversuchsstelle einzustellen und die sofortige Verteidigungsbereitschaft herzustellen. Kurze Zeit später wurde dieser Befehl widerrufen und die Wiederaufnahme des Versuchsbetriebes befohlen. Ein Besuch seitens des Heereswaffenamtes hatte sich angekündigt, um eine leichte Feldhaubitze mit aufgesetzter Mündungsbremse vorzuführen.

Der Besuch fiel jedoch aus, denn die amerikanischen Vorkommandos rückten immer näher heran. Als am 8. April 1945 die ersten amerikanischen Vorkommandos in Alt-Haldensleben eintrafen, wurde das Kampfkommando Hillersleben zur Verteidigung der Anlagen aufgestellt. Unter dem Befehl des letzten Kommandanten, Oberst Seither, wurden noch drei Mörser im Bereich Hundisburg und der Reichsautobahn eingemessen.

Für einen letzten Festungskampf hatte man in Hillersleben eine 5-cm-Bordkanone, die Anfang 1945 an die Heeresversuchsstelle geliefert worden war, auf einen Sockel lafettiert. Im Zeitraum vom 8. bis 12. April 1945 wurden durch die verbleibenden Soldaten der Wehrmacht viele Anlagen der Versuchsstelle zerstört. Man wollte sicherstellen, dass dem Feind so wenig brauchbares Material wie möglich in die Hände fiel. Auf vielen Testanlagen lagen Unterlagen zerstreut, verbrannt oder zerrissen umher.

Am 13. April 1945 rückten 19 amerikanische Panzer nach Alt Haldensleben vor. Die Verhandlungen mit den Amerikanern führte der Stadtkommandant von Haldensleben, Hauptmann Trinkaus, durch. Am 14. April 1945 um 14:00 Uhr erfolgte die Übergabe der Heeresversuchsstelle und des Schießplatzes Hillersleben durch den Stadtkommandanten an die Amerikaner.

Bild 71: Auf dem Bild im langen Ledermantel steht Hauptmann Trinkaus mit den Soldaten Schwarz, Rosenblatt und Bonaß vor dem Eingang einer Bunkeranlage

Über den Verbleib des Platzkommandanten der Versuchsstelle von 1943 bis nach 1945, Oberst Seither, gibt es mehrere Aussagen. Eine dieser Aussagen ist, dass er in amerikanischer Gefangenschaft im Jahre 1963 in Düsseldorf verstarb.

Nachdem die Amerikaner die Versuchsstelle übernommen hatten, wurden durch Inspektionsteams die Versuchsstellen und Testanlagen genauestens untersucht. Alles Interessante wurde beschlagnahmt und anschließend mit Flugzeugen ausgeflogen.

Ein Inspektionsbericht (siehe Quellenangabe) von 1945 liegt uns als Grundlage für die Informationen der Versuchsanlage vor. Er beschreibt, wie die Versuchsstelle im Einzelnen genutzt wurde. Diese Bilder konnten Sie auszugsweise auf den vorhergehenden Seiten sehen. Der gesamte Bildersatz kann in der Ausstellung GefÜbZH betrachtet werden.

Die sowjetische Besatzung

Mit Beginn des kalten Krieges erlangten die Garnison Hillersleben und das Gelände des ehemaligen Versuchsschießplatzes zunehmend strategische Bedeutung als ein in unmittelbarer Grenznähe gelegener Vorposten der Warschauer Vertragsstaaten. Nach und nach wurde die ehemalige Heeresversuchsstelle zum Truppenübungsplatz „Magdeburgski Poligon" umfunktioniert.

Die Versuchsanlagen wurden, soweit es überhaupt möglich war, durch die russischen Streitkräfte gesprengt. Doch die spezielle Mischung des Betons sollte der eingesetzten Sprengkraft widerstehen. So kommt es, dass diese gewaltigen Anlagen und Bunker noch heute die Wege des Truppenübungsplatzes säumen und vermutlich noch in hundert Jahren ihre Geschichte erzählen werden. Einige der Bunker habe ich für Sie in den folgenden Bildern festgehalten.

Bild 72: Bunker auf dem TrÜbPl Altmark

Bild 73: Bunker auf dem TrÜbPl Altmark

Bild 74: Bunker auf dem TrÜbPl Altmark

Warum das Militär Interesse an der Colbitz-Letzlinger Heide hatte, lag wohl daran, dass aufgrund der geringen Entfernung zum Machtbereich der NATO (ca. 35 km) von hier aus konzentrierte Operationen durchgeführt werden konnten. Einem Teil der Verbände und Einheiten der 3. Stoßarmee (Magdeburg) sowie der 2. Gardepanzerarmee (Fürstenberg) diente die Colbitz-Letzlinger Heide vermutlich als ein mögliches Aufmarschgebiet. Im Falle eines Krieges hätte sich die Situation des Truppenübungsplatzes innerhalb kürzester Zeit insoweit geändert, dass die Anzahl der Soldaten auf ein Vielfaches angestiegen wäre.

Der Truppenübungsplatz wurde vorwiegend durch sowjetische, aber auch durch NVA-Einheiten genutzt. Offiziell hieß er „Magdeburger Truppenübungsplatz“. Aufgrund seiner Größe war er besonders für Übungen und Manöver auf Regiments- und Divisionsebene geeignet.

Bild 75: Gebäude der ehemaligen Kaserne in Hillersleben

Über die Nutzung des Truppenübungsplatzes durch die sowjetischen Streitkräfte gibt es kaum konkrete Unterlagen. Der Übungsbetrieb und mehrere großflächige Brände führten dazu, dass das Gebiet des Truppenübungsplatzes selbst innerhalb weniger Jahre einen erheblichen Teil seines Baumbestandes verlor.

„Die Colbitz-Letzlinger Heide blutet langsam aus.“

In den 60er-Jahren wurden auch noch verbliebene Waldgebiete abgeholzt, um Raumfreiheit für Panzerübungen zu schaffen. Im Jahre 1981 wurde auf ausdrückliche Anordnung von Erich Honecker ein 600 ha großer Eichenwald abgeholzt, um die Übungen besser beobachten zu können. Durch die Erweiterung des Übungsraumes kam es mehrfach zu Granateinschlägen auch außerhalb des gesperrten Geländes und damit zur Gefährdung der gesamten Zivilbevölkerung.

Bild 76: Am Waldrand liegende Eichenstämme

Verschiedene Holzhändler haben sich an den Eichen versucht, sind aber mit ihren Sägen gescheitert. Zahlreiche Splitter und Munitionsteile machen ein Zersägen unmöglich. Daher liegen heute noch an den Waldrändern des TrÜbPl Altmark die alten Urzeitriesen und erzählen ihre eigene Geschichte.

In Hillersleben, ganz im Süden des Truppenübungsplatzes gelegen, befand sich einer der größten Standorte der „Gruppe Sowjetischer Streitkräfte in Deutschland“ (GSSD). Dabei nutzen die sowjetischen Truppen seit Kriegsende die ehemaligen Gebäude der Heeresversuchsanstalt als Wohn-, Unterkunfts- und Dienstgebäude, die sie lediglich mit dem typischen einheitsgelben Farbton übermalten.

Bild 77: Gebäude der ehemaligen Kaserne in Hillersleben

Neben der 47. Panzerdivision, die jahrelang in Hillersleben stationiert war, waren unter anderem das Panzerregiment 197.PR Halberstadt, das Mot.-Schützenregiment 245.MSR Mahlwinkel und das Artillerieregiment 99.AR Mahlwinkel in Hillersleben. Neben diesen genannten Einheiten waren noch viele weitere Verbände um den Übungsplatz herum stationiert, die hier jedoch im Einzelnen nicht aufgezählt werden sollen.

Die unten abgebildete Grafik, die auf eine Holztafel aufgemalt wurde, hing in einem der Dienstgebäude in Hillersleben. Sie soll die Stationierung der NATO auf dem zentralen europäischen Kriegsschauplatz darstellen. Das Original hängt in der ständigen Ausstellung des GefÜbZH.

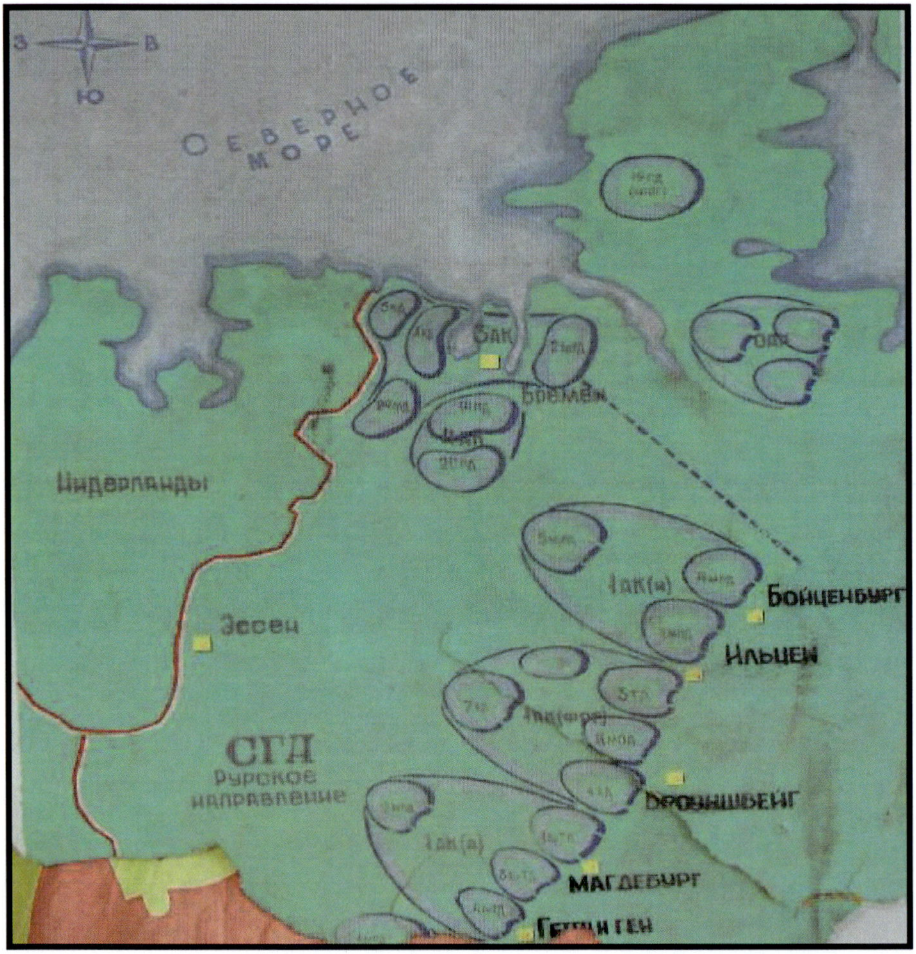

Bild 78: Stationierung der NATO auf dem zentralen europäischen Kriegsschauplatz

Auf dem Plan werden unter anderen zwei Divisionen der Niederlande bei Bolzenburg und Halle, drei Divisionen aus Deutschland bei Braunschweig und drei Divisionen aus Großbritannien auf Höhe Magdeburg nebeneinander dargestellt.

In Colbitz im Südbereich des Truppenübungsplatzes lag ein weiterer großer Standort der GSSD *(Bild 79)*. Die 49. Flugabwehrraketenbrigade mit ihren unterstellten Abteilungen war Hauptnutzer der Liegenschaft. Jedoch kann aufgrund der Größe des Standortes davon ausgegangen werden, dass sich noch weitere Truppenteile und Einheiten in Colbitz befanden.

Bild 79: Unterkunftsgebäude in Colbitz

In Born lag eine von zehn Raketenbrigaden auf Armeeebene, die vermutlich aufgrund ihrer Waffensysteme für den Verschuss konventioneller, vor allem aber auch nuklearer Gefechtsköpfe vorgesehen war.

Das südlich von Stendal liegende Staats war ein weiterer Standort der GSSD. In Staats war eine Fliegerabwehrraketenbrigade mit zwei ihrer Abteilungen sowie eine raketentechnische Basis und ein motorisiertes Schützenregiment stationiert.

Der Truppenübungsplatz war aufgrund seiner geografischen Lage zugleich auch Stationierungsort für verschiedene andere Truppenteile. Insgesamt befanden sich auf dem Truppenübungsplatz ständig ca. 20.000 Soldaten und Zivilangehörige. Tatsache ist, dass das Stationierungsgelände rund um die Stadt Hillersleben eine Schlüsselposition innehatte. Bei einer Auseinandersetzung mit der NATO sollte dieses Gelände die erste strategische Staffel bilden.

In Spitzenzeiten waren hier bis zu 50.000 Mann stationiert.

Ab den 60er-Jahren übte die DDR mit der Sowjetunion große Manöver wie zum Beispiel das Manöver „Waffenbrüderschaft“. Hierbei gab es jedoch keine Vermischungen oder Unterstellungen der Einheiten.

Bild 80: Russische Besatzungen bei der Vorbereitung der Kampfpanzer des Typs T 62 zum Schießen

Die Beziehungen der sowjetischen Armeeangehörigen zur deutschen Bevölkerung reduzierten sich im Wesentlichen auf organisierte Freundschaftstreffen anlässlich bestimmter gesellschaftlicher Höhepunkte. Der einfache Soldat durfte die militärische Anlage in der Regel nicht verlassen und einzelne, persönlich dauerhafte Beziehungen waren selten, bestehen aber heute noch.

Insgesamt hatten der Übungsplatz und die Garnison zwischen 1945 und 1994 nahezu ausschließlich negative Auswirkungen für die Region und ihre Bewohner. Der Panzer-, Geschütz- und Tieffluglärm, die Schäden an Straßen und Gebäuden sowie die Einschränkung der Bewegungsfreiheit der Bevölkerung waren nicht zu verschweigen. Nicht zuletzt wurden die zahlreichen kleinen Diebstähle der schlecht versorgten jungen sowjetischen Soldaten immer mehr zu einem Problem in den angrenzenden Ortschaften.

Auf der abgebildeten Karte wird an der blauen Farbe deutlich, wie sehr die Colbitz-Letzlinger Heide unter der militärischen Nutzung gelitten hatte. Die blau eingezeichnete Fläche war komplett gerodet worden, um die Panzerübungen mit scharfer Munition durchführen zu können. Im Süden bei Hillersleben und auf der Höhe von Hütten sowie im Nordwesten waren Schiessbahnen angeordnet.

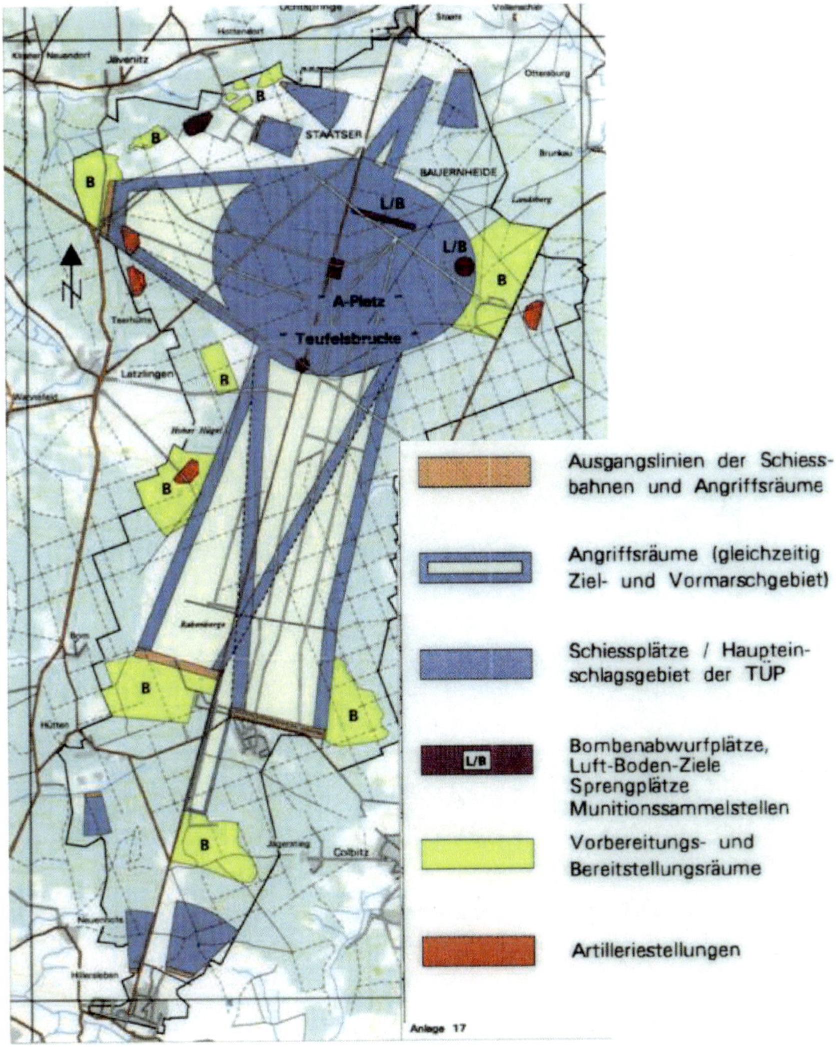

Bild 81: Lageplan der Schießplätze und Übungsräume

Bild 82: Sowjetische Soldaten schneiden sich die Haare

Anfang März 1994 wurde die Bevölkerung aus dem Kreis Stendal und Gardelegen durch schwere Detonationen und grelle Lichtblitze, die aus der Richtung des Truppenübungsplatzes kamen, beunruhigt. Der Putz fiel teilweise von den Wänden, und Fensterscheiben wurden aus ihrem Rahmen gedrückt. An einem Tag waren die Erschütterungen so stark, dass noch in Stendal in den Hochhäusern der Boden zitterte. Man vermutete, dass kurz vor dem Abzug der russischen Truppen noch irgendetwas gesprengt wurde. Der ehemalige Befehlshaber der russischen Gardearmee wurde eingeschaltet, aber Bestätigungen über Sprengungen oder Sonstiges gab es nicht.

Auf eines wurde jedoch aufmerksam gemacht, der Verbleib von ca. 80.000 t Munition; deren Einheiten, die in Deutschland stationiert waren, sind bis heute unklar.

Nach einer mehr als 50-jährigen Nutzung sollte nun die letzte Stunde der russischen Panzerdivision gekommen sein. Was man sich noch vor Tagen niemals vorstellen konnte, trat ein. Im April 1994 öffneten sich die Tore der Kaserne für die Zivilbevölkerung. Eine russische Militärkapelle spielte Lieder wie „Muss i denn“, und der eine oder andere Soldat versuchte, noch letzte lukrative Geschäfte zu machen. Ein Güterzug mit einfachen Güterwaggons stand zur Abfahrt bereit. Ich glaube, einsteigen wollte niemand und das, so erzählte man, konnte man in den Augen der Soldaten sehen. Gerade für die Offiziere war Deutschland so etwas wie Heimat geworden, hier wollte man mit Frau und Kindern bleiben.

Die Soldaten fuhren von Haldensleben aus etwa zehn Tage lang nach Nishni Nowgorod. Mit Sattelschleppern wurde Großgerät auf dem Landmarsch nach Hillersleben transportiert und für den Bahntransport nach Russland zwischengelagert. So auch 20 Wohncontainer, die den Russen für die Errichtung eines Hospitals in Nowgorod geschenkt wurden. Aber auch andere Geräte wie zum Beispiel medizinische Einrichtungen, Telefonanlagen, Schränke und Schreibmaschinen sollten auf die lange Reise nach Russland gehen.

Bild 83: Am 6. April 1994 fand die Verabschiedung der letzten sowjetischen Soldaten in Hillersleben statt

In Hillersleben lebt Herr Keweloh, der sich schon seit vielen Jahren mit der Geschichte des Versuchsplatzes beschäftigt. Viele Fundstücke aus der Besatzungszeit kann man in seiner privaten Ausstellung in Hillersleben besichtigen. Bei seinen zahlreichen Vorträgen sind immer wieder einmal Zeitzeugen anwesend, die aus ihren Erfahrungen mit den sowjetischen Soldaten berichten können.

Ich konnte mich bereits selbst davon überzeugen, wie Zeitzeugen anhand von Bildern ihre Geschichten erzählten, als wäre es gestern gewesen.

„Hier habe ich gewohnt, dort war der Bäcker und hier lebte meine Mutter",

so begannen etwa die Erzählungen der Zeitzeugen.

Da die ehemalige Kasernenanlage in Hillersleben zu großen Teilen bereits verkauft wurde und einem Solarpark weichen muss, werden fast alle Gebäude abgerissen. Dies war Thema bei meinem letzten Besuch Ende März 2013 in Hillersleben.

Bild 84: Kaserne Hillersleben März 2013

Zum Ende des Kapitels Heeresversuchsstelle Hillersleben möchte ich Ihnen einen zusammenfassenden Überblick über die Entwicklung während und nach dem Abzug der Besatzungsmacht mithilfe von Klaus-Peter Keweloh geben.
Herr Keweloh ist am 19. April 1955 geboren und lebte schon immer in Hillersleben. Von 1977 bis 1993 war er auf der Kläranlage Hillersleben neben der Garnison tätig und hatte dadurch immer Kontakt mit den Angehörigen der Roten Armee und ihren Zivilangestellten.

Herr Keweloh, welche Berührungspunkte hatten und haben Sie mit den russischen Soldaten?

Bürger meines Alters spielten als Kinder fast täglich in der Garnison. 1988 betrieb ich mit meiner Frau einen kleinen Getränkeladen, dort kamen täglich 50 bis 100 Russen, kauften ein oder tranken ein Bier vor dem Geschäft. Dadurch erfuhr man auch viel Privates über die Soldaten sowie deren Herkunft usw.

Im August 1989 besuchte ich mit meiner Familie einen ehemaligen russischen Zivilangestellten (Elektriker) in seiner Heimat Kirgisien. Noch heute habe ich regelmäßigen Kontakt mit mehreren Ex-Soldaten, die ich auch schon in Kaliningrad besucht habe.

Herr Keweloh, wie haben sich die letzten Tage vor dem Abzug der Soldaten für die Einwohner von Hillersleben dargestellt?

Bis zum letzten Tag verlief das Leben innerhalb und außerhalb der Garnison in normalen Bahnen. Verstärkt versuchten die Soldaten Ausrüstungsteile und Waffen (Uniformen, Bajonette, Handgranaten und Nachtsichtgeräte) zu verkaufen.

Auch Benzin und Kohlen wurden angeboten. Viele meiner Kunden haben sich noch bei mir verabschiedet und erzählten mir, dass ihre weitere Zukunft unklar sei. Sie wussten nicht, wohin sie verlegt werden und wie die Unterbringung dort sein würde.

„Sie fuhren mit ihren Familien ins Ungewisse."

In den letzten Tagen wurde in der Siedlung Hillersleben noch eine Veranstaltung mit ausgesuchten Offizieren durchgeführt.

Was empfanden die Einwohner von Hillersleben, als der letzte Soldat den Ort verlassen hatte und sie nach so vielen Jahren zurück zu ihren ehemaligen Häusern konnten, in denen sie einst lebten?

Ich habe wenige Tage, nachdem die Soldaten weg waren, mit meiner Mutter und Familie sowie Freunden eine Exkursion über das Gelände gemacht. Meine Mutter (Jahrgang 1923) war tief bewegt über den Zustand ihres Elternhauses in Kaserne Ost. Sie lebte von 1930 bis 1945 in diesem Gebäude. Viele Bürger nutzten die Gelegenheit zu einer Besichtigung, da in den ersten Jahren fast nichts bewacht wurde.

Bild 85: Frau Keweloh mit Kindern und Freunden vor ihrem Haus in Hillersleben im Jahre 1943

Welche positiven und negativen Erinnerungen verbinden Sie mit den sowjetischen Soldaten?

Negative Erinnerungen sind Flug- und Übungslärm, die Behandlung der einfachen Soldaten durch ihre Offiziere, auch in der Öffentlichkeit. Umweltzerstörung, Fahrzeugkolonnen, die öffentlichen Verkehrsmittel waren immer überfüllt (Bus), Fahrraddiebstähle und die Radarstation.

Positive Erinnerungen sind die vielen Freundschaften, die geschlossen wurden. Gute Einkaufsmöglichkeit von Dingen, die es im Alltag der DDR nicht so einfach gab, wie Südfrüchte, Fischkonserven, Textilien, Einrichtungsgegenstände, Goldschmuck oder Radios. Viele Geschäfte mit Soldaten waren möglich (Schrott, Buntmetall, Holz, Kohlen, Benzin etc.).

Seitdem die Rote Armee weg ist, gibt es über die Garnison nur Negatives zu berichten, alles zerfällt oder wurde mutwillig zerstört. Seit 1994 gab es keine sinnvolle Nutzung des Geländes, viele tolle Ideen, aber keine konnte oder sollte realisiert werden. Nun werden die Gebäude der Garnison abgerissen und in einigen Jahren werden sich nur noch wenige an das Gelände erinnern können. Ich glaube, wenn die Bundeswehr das Gelände übernommen hätte, würde dort heute eine moderne Kaserne stehen.

Bild 86: Kaserne Hillersleben März 2013

Kapitel 3
Entwicklung des Truppenübungsplatzes Altmark zum Übungs- und Ausbildungszentrum

Übernahme und Aufbau durch die Bundeswehr
Munitionsberäumung
Fauna und Flora

Übernahme und Aufbau durch die Bundeswehr

Als ein zentrales Rüstungsvorhaben des Heeres wurde das GefÜbZH ins Leben gerufen. Hier sollen verstärkt Einsatzverbände aus allen Truppengattungen des Heeres unter Nutzung ihrer eigenen Waffen und Waffensysteme sowie Einsatzmittel und Einsatzsysteme mit modernen Duellsimulatoren, unter Einsatz von Darstellungsmitteln und Darstellungsmunition im gesamten Einsatzspektrum ohne den scharfen Schuss, ausgebildet werden.

Die digitale Aufzeichnung und deren methodische Aufbereitung über alle Handlungen der Truppe auf dem TrÜbPl Altmark des GefÜbZH stellen den hohen Ausbildungserfolg bei allen Übungsteilnehmern sicher.

Die Ausbildung im GefÜbZH liegt auf einem außergewöhnlich hohen Niveau. Die Ausbildung ist nicht nur so einsatznah wie irgend möglich, sondern die Truppe wird darüber hinaus auch von allen administrativen Vorbereitungen entlastet. Damit kann sich die Truppe gezielt auf ihre Ausbildung und Übung konzentrieren. Die hohe Qualität der Ausbildung, die Entlastung der Truppe und die hervorragenden realistischen Übungsmöglichkeiten sind bei der Truppe anerkannt und werden, soweit ich das beurteilen kann, voll akzeptiert.

Das GefÜbZH ist die Hochwertausbildungsstätte für Verbände des Heeres, mit höchster Professionalität und Nutzungsbreite in der Ausbildung. Das trifft für friedenserhaltende Einsätze bis hin zu Operationen verbundenen Kräften zu.

„Investition in und für die Zukunft.“

Am 2. April 1991 hatte die Bundeswehr mit dem Verteidigungskreiskommando 823 unter Führung von Oberstleutnant Heinrich Schotte Kontakt zu den sowjetischen Streitkräften in Hillersleben aufgenommen. Er sollte die Truppenteile während des Abzuges betreuen und die Akzeptanz für die Weiternutzung durch die Bundeswehr in der Bevölkerung steigern.

Ein weiterer Auftrag war sicherlich auch, die bevorstehende Übernahme des Truppenübungsplatzes noch mit dem Namen Magdeburgski Poligon vorzubereiten.

Nach einer Entscheidung des damaligen Verteidigungsministers Volker Rühe im September 1992 war klar, dass in der Colbitz-Letzlinger Heide das GefÜbZH entstehen soll.

Geklärt werden musste nur noch, ob das dort liegende Trinkwasserreservoir durch die Nutzung der Bundeswehr gefährdet ist. Immer wieder gab es Protestaktionen gegen die militärische Nutzung der Heide. Doch am 14. Januar 1993 stimmte der Bundestag gegen einen Antrag, den Truppenübungsplatz zivil zu nutzen und damit für die militärische Nutzung.

„Der Start in eine interessante Zukunft beginnt."

Während der Übernahmephase durch die Bundeswehr wurden immer noch Panzerschießübungen durch die sowjetischen Truppen durchgeführt. Nach einem Fehlschuss durch einen BMP 2 (sowjetischer Schützenpanzer), der in der Ortschaft Dolle einschlug und leichte Beschädigungen an einem Wohnhaus verursachte, betonte Oberst Sharikov, der damalige Platzkommandant, dass ab 18. September 1992 kein Panzer mehr auf dem Truppenübungsplatz schießen würde. Lediglich Schießen mit 12,7 mm und 14,5 mm würden noch bis November 1992 auf dem Schießplatz stattfinden. Die Zeit der Übernahme war eine harte Zeit für die sowjetischen Soldaten und die Zivilbevölkerung. Ich habe mich in Letzlingen und der Umgebung umgehört, um diese Eindrücke der Übernahmezeit durch die Bundeswehr, aber auch der Zeit davor, für Sie festzuhalten.

Ein ehemaliger Polizist aus Hillersleben erzählte mir:

> *Viele der russischen Soldaten versuchten zu desertieren oder Ausrüstung zu verkaufen. Soldaten wurden vor meinen Augen auf offener Straße verfolgt, beschossen und aufs schwerste misshandelt.*

Ein Ehepaar aus Born erzählte,

> *dass es beobachten habe, wie einfache Soldaten auf offener Straße verprügelt und anschließend auf die Ladefläche eines LKW geworfen wurden.*

Seit 1967 lebt Heinz Dittel, der im Mai 1947 in Rabensteinfeld geboren wurde und 1964 in der zentralen Berufsschule Letzlingen für Wasserwirtschaftsberufe eine Ausbildung machte, in Letzlingen. Im Jahre 1968 wurde er angeworben und begann mit einer sechsmonatigen Grundausbildung einen Lehrgang in Magdeburg, um alle Voraussetzungen für seine Tätigkeiten bei der Volkspolizei zu erlernen. Nach einem Praktikum wurde ihm der Posten als Arbeitsbevollmächtigter (ABV) in Letzlingen mit den Ortsteilen Wannefeld und Roxförde angeboten.

Nach einem weiteren Lehrgang in Wolfen übernahm er sein Amt in Letzlingen und hatte sein Büro zunächst im alten Volks- und Gemeindehaus und später in seiner Wohnung. Ich fragte Herrn Dittel, ob und welche Berührungspunkte es mit den Besatzungsmächten offiziell gab. Er antwortete mir,

dass es auf seiner Ebene keine direkte Zusammenarbeit mit den russischen Behörden gab. Alle Absprachen und der Informationsaustausch fanden auf der nächsthöherer Ebene statt. Ordnungswidrigkeiten oder Straftaten innerhalb des Platzes übernahm die russische Kommandantur. Vergehen außerhalb der militärischen Liegenschaften wurden an die Kriminalpolizei weitergeleitet.

Herr Dittel, um welche Vergehen handelte es sich im Wesentlichen?

Zum größten Teil waren dies Fahrraddiebstähle, Diebstähle in Gärten, aber auch schwere Einbrüche. Ich kann mich an einen Einbruch in einem Konsum in Wannefeld erinnern, den ich aufzuklären hatte. Zu dieser Zeit hatte ich einen Diensthund, mit dem ich die Spurensuche begann und auch erfolgreich beenden konnte. In einer Feldscheune habe ich den Täter stellen können und an die nächsthöhere Distanz weitergeben können. Zur Unterstützung und Beweissicherung wurde ich auch in der Region mit meinem Diensthund eingesetzt. Etliches Diebesgut konnten wir in dieser Zeit sicherstellen.

Können Sie uns noch mehr solcher Erlebnisse schildern?

In Gardelegen am ehemaligen Flugplatz war ein Möbelplattenwerk, in das immer wieder eingebrochen wurde. Große Platten, die von mehreren Personen transportiert werden mussten, sind gestohlen worden. Als wieder einmal ein Einbruch gemeldet wurde, bin ich nachts telefonisch alarmiert worden. Mit meinem Diensthund habe ich die Spur aufgenommen und lief ca. 3 bis 4 km durch das Gelände, bis ich schließlich an einer Steinbaracke ankam. Ich ließ meinen Hund in die Baracke, der dort mehrere Männer stellen konnte, die ich dort festhielt, und alarmierte die russische Kommandantur. Die verlangte von mir, dass ich wiederzurückgehen sollte, um die gesamte Strecke noch einmal unter Führung des Hundes zu gehen. Ich musste beweisen, dass der Hund der Spur der Männer gefolgt ist.

In der Schlachterei wurde wieder einmal ein Schwein gestohlen und ich machte mich mit meinem Diensthund auf die Spurensuche. Die Spur führte geradewegs in eine russische Liegenschaft, an der man mich mit Androhung von Schusswaffengebrach gehindert hat, meine Dienstpflicht auszuführen.

Eines Abends kam ein von zwei PKW begleiteter LKW vor mein Büro gefahren, in dem ein russischer Offizier mit seinem Fahrer saß. Ortsansässige Jäger hatten den Offizier beim Wildern aufgegriffen und direkt zu mir gebracht. Nachdem ich die Kommandantur benachrichtigt hatte, wurde in deren Beisein der LKW durchsucht. Hierbei wurde eine zerlegt Waffe und selbst angefertigte Munition gefunden und beschlagnahmt. Die russische Kommandantur hatte anscheinend keine Unterschiede zwischen Offizieren und Mannschaften bei der Strafverfolgung gemacht.

Herr Dittel, warum glauben Sie, dass die Soldaten so viel eingebrochen haben?

Eine Dolmetscherin hatte mich einmal zum Frühstück eingeladen. Was ich nicht wusste war, dass dieses Frühstück in der Kantine der Soldaten stattfinden sollte. Als man mir das Frühstück vorgesetzt hatte, war mir klar, was die Dolmetscherin damit bezwecken wollte. Das Essen war wenig und ungenießbar und fortan war mir bewusst, was die jungen Soldaten zu den Diebstählen antreibt.

Wann war es Ihrer Meinung nach mit Einbrüchen besonders schlimm, wenn man das zeitlich überhaupt wiedergeben kann?

Ende der 70er-Jahre glaube ich war es besonders schlimm. In der Nähe von Born gab es ein Lager, in dem Soldaten zusammengefasst wurden, die zurück nach Russland geschickt werden sollten. Diese Soldaten waren sich zum größten Teil selbst überlassen und niemand überwachte sie. Auch dieses Lager hatte ich im Rahmen einer Beweisaufnahme aufgeklärt. Jedoch wiederholte sich das mir bekannte Szenario, und ich musste die gesamte Strecke mit meinem Hund noch einmal gehen, um zu beweisen, dass der Hund einer Spur gefolgt ist.

In Born wurde ein Bauer auf seinem Acker, während er das Feld pflügte, mit einer Kalaschnikow beschossen. Zum Glück wurde er nicht getroffen. Die Täter, die vermutlich von einem vorbeifahrenden LKW geschossen hatten, wurden leider nie ermittelt.

Herr Dittel, wo kann man von einer Zusammenarbeit mit der russischen Kommandantur sprechen?

Bei der Suche nach Deserteuren mit oder ohne Waffe, wenn man das überhaupt so genau sagen konnte. Bei dieser Suche wurde gut zusammengearbeitet und es wurden Informationen ausgetauscht.

Mitte der 80er-Jahre hatte sich die Zusammenarbeit auf allen Ebenen und in allen Belagen deutlich verbessert. So konnten wir Straftäter festhalten und im Beisein der russischen Kommandantur und eines Dolmetschers vernehmen.

Die Zusammenarbeit mit den Betrieben lief ausgesprochen gut. Man unterstützte sich gegenseitig und half untereinander.

Dass die Einwohner in den russischen Magazinen einkauften, war verboten, wurde aber geduldet. Als die LKW der Russen dann auf den Marktplatz fuhren, um ihre Waren zu verkaufen, wurde dies jedoch von den Behörden verboten.

Aber auch bei Informationsveranstaltungen durch die Bundeswehr kam es immer wieder zu Ausschreitungen, da in den Anfangszeiten viele Bürger gegen die Nutzung der Colbitz-Letzlinger Heide durch die Bundeswehr waren.

Heute ist dies nur noch ein geringer Teil, der die Bundeswehr ablehnt. Ich kann leider nicht nachvollziehen, dass diese wenigen Personen immer noch nicht verstanden haben, dass ohne die Bundeswehr ein Betreten der Colbitz-Letzlinger Heide nicht möglich wäre. Aber dazu in einem späteren Kapitel mehr.

Am 11. August 1994 übernahm die Bundeswehr offiziell den Truppenübungsplatz. Im Oktober 1994 wurde das Verteidigungskreiskommando 823 aufgelöst und durch Übernahme des Personals die Truppenübungsplatzkommandantur Magdeburg errichtet. Im November 1995 wurde dem Truppenübungsplatz der Name „Altmark“ gegeben.

Ein sicherlich historischer Akt war das Hissen der Bundesdienstflagge vor der Kommandantur in Gardelegen im August 1994.

Bild 87: Kommandantur in Gardelegen

Die Nutzungsprinzipien des TrÜbPl Altmark waren klar und unmissverständlich. Sie wurden in dem sogenannten Heidekompromiss, der die Vereinbarungen zwischen der Bundesrepublik Deutschland und dem Land Sachsen-Anhalt regelt, am 13. Mai 1997 schriftlich festgehalten.

Auszug aus dem Heidekompromiss:

Verzicht auf Schießen mit Gefechtsmunition, dafür

+ Simulatoren, mit denen die Wirkung aller Waffen lasergestützt dargestellt wird und

+ Datenverarbeitungsgeräte, die den Erfolg bzw. Misserfolg beim Waffeneinsatz erfassen und bewerten.

- Überwiegend bewaldete Pufferzonen dienen als Schutz vor Lärm, Staub und Bodenerosion für nahegelegene Ortschaften.

- Belange des Naturschutzes und der Landschaftspflege werden angemessen berücksichtigt.

- Altlasten werden erkundet, gesichert und bei akuten Gefahren saniert.

Im Oktober 1994 begann der Aufstellungsstab GefÜbZH unter Führung von Oberstleutnant Werner Böhm mit seiner Arbeit, die umfangreiche Aufgaben bezüglich der Infrastruktur beinhaltete. Fast eineinhalb Jahre dauerten die Vorbereitungen, bis der erste Truppenversuch mit der 5. Kompanie des Panzerbataillons 403 aus Schwerin durchgeführt werden konnte.

Bei diesem Truppenversuch wurden bereits das Ausbildungsgerät und der Duellsimulator (AGDUS) genutzt, jedoch ohne die Technik der Auswertezentrale. Im September 1996 erfolgte endlich der Transport der Auswertezentrale, die damals noch in Containern installiert war, nach Planken.

Bild 88: Abladen der Zentrale in Planken

Im Oktober 1996 wurde mit der gesamten technischen Ausstattung der 2. Truppenversuch mit der 2. Kompanie des Panzerbataillons 403 aus Schwerin durchgeführt. Schließlich konnte im September 1997 der Ausbildungsbetrieb erstmals mit einer verstärkten Kompanie abgebildet werden.

Im Oktober 1997 nahmen zum ersten Mal Panzergrenadiere an einer Übung teil. Sie kamen aus den Panzergrenadierbataillonen 421 und 411. Dies war die sogenannte Testphase oder auch Ausbaustufe 1, in der nicht nur ein Funktionsmuster in Betrieb genommen, sondern auch bis auf der Ebene einer verstärkten Kompanie bereits geübt wurde. Zu dieser Zeit gab es noch keine Leitungstruppe, die als Gegner eingesetzt werden konnte. Daher kämpften die Übungstruppen noch gegeneinander.

Nach und nach wurden aus den zunächst 70 Soldaten des GefÜbZH 700 Soldaten, die Ausbildungen und Übungen sicherstellen sollten. Im März 2001 wurden die ersten Soldaten des heutigen Ausbildungsverbandes aus dem Panzergrenadierbataillon 332 aus Wesendorf und aus dem Panzerbataillon 383 Bad Frankenhausen nach Letzlingen verlegt.

Im August 2002 folgten die Soldaten aus dem Panzerbataillon 423 aus Brück und die Panzergrenadiere aus dem Panzergrenadierbataillon 381 Bad Frankenhausen. Damit war sichergestellt, dass der Übungstruppe ein professioneller Gegner, der ständig verfügbar war, gegenübergestellt werden konnte. Zugleich war dies der Beginn der Hauptausbaustufe des GefÜbZH. In der neuen Infrastruktur wurde in zwei Truppenversuchen die gesamte Technik erprobt.

In der unten dargestellten Übersicht ist der sogenannte „stufenweise Aufwuchs“ dargestellt.

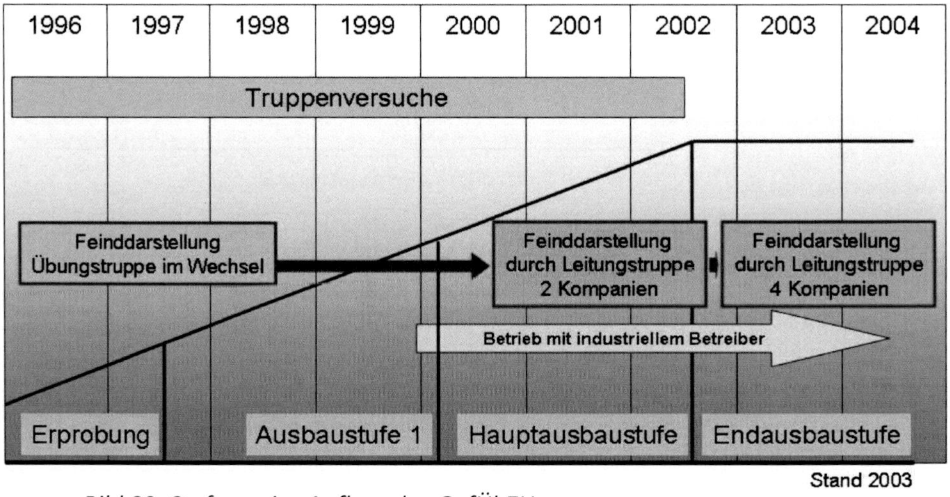

Bild 89: Stufenweise Aufbau des GefÜbZH

Bis April 2003 war die Ausbildung am GefÜbZH auf die allgemeinen Gefechtsarten Angriff, Verteidigung, Verzögerung und besondere Gefechtshandlungen abgestimmt. Doch der Einsatz der Bundeswehr in den Krisengebieten hatte keinen Halt vor den Türen des GefÜbZH gemacht. Und so kam es, dass 2004 etwa 528 Soldaten für ihren bevorstehenden Einsatz im Kosovo im GefÜbZH ausgebildet wurden.

Die moderne Technik des Gefechtsübungszentrums des Heeres sollte auch in der einsatzvorbereitenden Ausbildung zur Anwendung kommen, um so die besten Voraussetzungen für die Soldaten, die für den Einsatz vorgesehen sind, zu schaffen.

Dieses Ziel hat sich bis heute nicht geändert!

Nach mehreren Personaländerungen wurde im Jahre 2006 die Leitungstruppe zum Ausbildungsverband, der später noch im Einzelnen vorgestellt wird, umbenannt.

„Der Ausbildungsverband stellt den Gegner dar."

Parallel zu den Truppenversuchen und späteren Durchgängen wurden die Planungen für einen Neubau der Kaserne, der auf die zukünftigen Aufträge des GefÜbZH zugeschnitten war, vorangetrieben. So konnte am 27. August 1998 der erste Spatenstich auf ein bereits vorhandenes freies Feld *(Bild 90)* für die Kaserne stattfinden.

Bild 90: Freie Fläche Baustelle 1999 Kaserne 2005

Im Oktober 1999 wurde das Richtfest der Kaserne mit zahlreichen Gästen aus der Region rund um den Truppenübungsplatz durchgeführt. Unter anderem waren die Parlamentarische Staatssekretärin aus dem BMVg, Brigitte Schulte, der Finanzminister von Sachsen-Anhalt, Wolfgang Gerhards, sowie der Inspekteur Heer, Generalleutnant Hartmut Willmann, angereist.

Bild 91: Richtfest GefÜbZH

Viele Soldaten fragen sich heute noch, warum die Kaserne in Letzlingen und nicht in Hillersleben nahe der Autobahn gebaut wurde. Diese Frage kann ich aus Sicht der Verantwortlichen relativ kurz beantworten. Zum einen wurden Variantenuntersuchungen unter Beachtung ökologischer und hydrologischer Besonderheiten des Übungsgeländes und der zum größten Teil unbewaldete Fläche durchgeführt.

Ein weiterer Grund lag im An- und Abmarsch der Übungstruppe mit Großgerät. Der Platz in Letzlingen eignete sich, da er eine nahe Anbindung zu dem bereits vorhandenen Schienennetz der Deutschen Bundesbahn hatte und der Eingriff in Fauna und Flora sehr gering war.

Auch für die Übungs- und Leitungstruppe war ein Ausgangspunkt, der nahezu in der Mitte des TrÜbPl Altmark liegt, in Bezug auf die Anmarschzeiten besser geeignet.

Im September 2000 erfolgte die Verlegung der Soldaten des GefÜbZH von Planken nach Letzlingen in die neue Kaserne, die im Januar 2001 offiziell an das Heer übergeben wurde. Beim ersten Tag der Offenen Tür, im August 2002, kamen mehr als 8.000 Menschen zum GefÜbZH, um die digital gesteuerte Gefechtsfeldüberwachung mit eigenen Augen sehen zu können. Viele Angehörige der Soldaten und der zivilen Beschäftigten konnten sich so ein eigenes Bild über das GefÜbZH und dessen Auftrag machen.

Zusammenfassend ergab sich bis 2003 folgendes Bild:

ab 1991	Vorbereitung der Übernahme des Truppenübungsplatzes
1994 – 1997	Aufbau und Truppenversuche
1998 – 2000	Ausbildung und Übungen bis verstärkte Kompanie
2001 – 2002	Ausbildung und Übungen bis Bataillon
2003 – heute	Ausbildung und Übungen bis verstärktes Bataillon

Ich möchte an dieser Stelle zunächst einen kleinen Schnitt machen und später auf die Ausbildung, wie sie sich in den weiteren Jahren entwickelt hat, zurückkommen.

Munitionsberäumung

In einem neuen Kapitel möchte ich Ihnen etwas über die Altlasten und die gewaltigen Aufgabe, die sich die Bundeswehr (bis heute) gestellt hat, berichten. Wie Sie spätestens jetzt wissen, wurden auf dem heutigen TrÜbPl Altmark bis zu seiner Übernahme durch die Bundeswehr fast 60 Jahre kontinuierlich Schießübungen mit Gefechtsmunition durchgeführt.

Bei der Übernahme durch die Bundeswehr wurde festgestellt, dass der gesamte Übungsplatz mit Munition verseucht war. Es war allen klar, dass der Platz von den Altlasten befreit werden musste, aber ich glaube, niemand konnte ahnen, welche Ausmaße dieses Projekt annehmen würde. Denn auch die Hinterlassenschaften der sowjetischen Streitkräfte *(Bild 92)* wie allgemeiner Schrott, sonstiger Abfall und im Schwerpunkt die Munition waren eine Herausforderung, die es zu meistern galt.

Bild 92: Abgestellte Schrottfahrzeuge auf dem TrÜbPl Altmark

Die Nutzung der ca. 23.000 ha des TrÜbPl Altmark durch eine derartige Ausbildungseinrichtung wie das GefÜbZH machte es erforderlich, die von der hohen Belastung mit Fundmunition und Munitionsteilen für den Menschen und die Umwelt ausgehende Gefahr systematisch und in einem verhältnismäßig kurzen Zeitraum zu beseitigen. Daher wurde als Voraussetzung für die Einrichtung und Aufnahme des Probebetriebes eines Funktionsmusters des künftigen GefÜbZH in einem ersten Schritt bis Ende 1997 eine Fläche von mehr als 2.600 ha entmunitioniert.

Bild 93: Bergung einer Fliegergranate

Mit einem Haushaltsmitteleinsatz von 260 Mio. Euro wurden bis 2006 fast 18.300 ha des TrÜbPl Altmark von Munition und Schrott beräumt.

Bild 94: Schrottfahrzeug auf dem TrÜbPl Altmark

Trotz der inzwischen umfangreichen Erfahrungen und neuer Erkenntnisse wurde nach jeder Räumperiode deutlich, dass die Kalkulationsgrundlagen für die jährlichen Ausschreibungen und Vergaben nicht ausreichend waren. Insbesondere fehlten hinreichend genaue Angaben über den Grad und die Art der Kampfmittelbelastung in den einzelnen Arealen. Um hier bessere Grundlagen zu schaffen, wurde die Idee entwickelt, bestimmte Flächen als sogenannte Testfelder (Größe 400 m²) zu untersuchen.

Bild 95: Munitionssucher

Seit 1998 führte diese Vorgehensweise zu einer wesentlichen Qualitätsverbesserung. Zwischen 1994 und 2008 wurde der Truppenübungsplatz durch die Bundeswehr und durch zivile Munitionsräumfirmen in unterschiedlichen Räumtiefen entmunitioniert.

Bis heute sind etwa 20 % der Fläche tiefenberäumt. Dies bedeutet, dass auf einer Tiefe von bis zu 2,5 m das gesamte Erdreich aufgehoben, gesiebt und wieder abgelassen wurde. Die anderen 80 % des Platzes wurden oberflächenberäumt. Dies wiederum heißt, dass das Erdreich bis auf eine Tiefe von ca. 30 cm abgesucht und beräumt wurde. Die entstandenen Kosten beliefen sich bis dahin auf rund 367 Mio. Euro. Bei der Entmunitionierung wurden rund 3 Mio. Stück Munition, rund 18.000 t Munitionsteile und rund 13.000 t allgemeiner Schrott geborgen. Gleichwohl liegen noch rund 1,5 Mio. tiefer liegende Störpunkte im Erdreich. Diese Störpunkte können unter anderem Munition, Munitionsteile, jede Art von Metallschrott oder, wie ein ehemaliger Leiter des GefÜbZH immer sagte, eine Coladose sein.

Manche Bereiche des Truppenübungsplatzes wurden aus naturschutzfachlichen Gründen von der Entmunitionierung ausgenommen (z. B. Sölle, Biotope und Naturschutzgebiete). Diese Bereiche sind auch von der Nutzung durch die Bundeswehr für ihre Ausbildung und Übung ausgenommen, teils aufgrund von Eigenauflagen zum Schutz der Natur und teils aufgrund der Vorschriften der Naturschutzgesetze. Die folgenden Seiten zeigen Aufnahmen von Fundmunition.

Bild 96: Panzerfaustmunition

Bild 97: Röchlingsspeer 15-21 cm

Bild 98: Hülse einer Granate des Geschützes „Dora“, 80 cm

Bild 99: Gesammelte Munition auf dem TrÜbPl Altmark

Auf diesem Bild sind diverse Waffen abgebildet, die im Rahmen der Munitionssuche auf dem TrÜbPl Altmark gefunden wurden

Bild 100: Waffenfunde

Bild 101: Handgranate

Im Fundmunitionszwischenlager „Blaue Kuhle" lagern bis dato ca. 4.000 t Fundmunition. Nutzer des Zwischenlagers ist das Technische Polizeiamt des Landes Magdeburg. Die Verantwortung für die „Blaue Kuhle" liegt jedoch bei der Bundeswehr.

Bild 102: Gelagerte Munition in der Blaue Kuhle

In Hottendorf befindet sich die Munitionsentsorgungsanlage *(Bild 103)*. Hier wird die Munition fachgerecht zerspant und unschädlich gemacht.

Bild 103: Munitionsentsorgungsanlage in Hottendorf

Bild 104: Sprengung einer 130 mm RUS-Leuchtgranate mit einer 500 g Ladung.

Fauna und Flora

Die „Grundsatzanweisung für den Umweltschutz der Bundeswehr" ist Bestandteil aller Planungen und Handlungen der Bundeswehr in Erfüllung ihres Auftrags und Teil der Führungsverantwortung.

Die Aufgaben der Bundeswehr sind unter geringstmöglicher Belastung von Mensch und Umwelt zu erfüllen, ihre Wahrnehmung soll das Gebot der nachhaltigen Entwicklung berücksichtigen. Ein wesentliches Ziel der Umweltpolitik der Bundesregierung ist der Erhalt der Artenvielfalt. Dieser Aspekt ist beim Bundeswehrbetrieb streng zu beachten, denn die europäischen Regelungen und internationalen Abkommen zum Artenschutz verpflichten die Bundeswehr.

Bild 105: Pfau auf dem TrÜbPl Altmark

Bild 106: Teich auf dem TrÜbPl Altmark

Bild 107: Broschüre über Richtlinien

Die Einhaltung der Immissionsrichtwerte ist vorrangiges Ziel des Nutzungskonzeptes, um die Nachbarschaft des TrÜbPl Altmark so wenig wie möglich zu belästigen. Daher wurden unter anderem Pufferzonen durch forstwirtschaftliche Landschaftspflege in den Randbereichen des TrÜbPl Altmark zum Schutz gegen Lärm- und Staubimmissionen sowie Blendschutz geschaffen. Oft wird mir gesagt:

„Euch kann man nicht hören und nicht sehen."

Im Nutzungskonzept des GefÜbZH ist unter anderem festgelegt:

1. Oberflächen und Grundwasser sind vor schädlichen Veränderungen zu schützen. Schon die Besorgnis einer schädlichen Veränderung begründet Maßnahmen der Überwachung oder Vorsorge durch die Territorialverwaltung (TerrWV) im Wald durch die Bundesforstbetriebe oder Nutzungseinschränkungen insbesondere in Wasserschutzgebieten.

2. Im Rahmen des Bodenschutzes sind sensible Bereiche zu ermitteln, die erforderlichen Nutzungsvorhaben festzuschreiben und sofern erforderlich als Sofortmaßnahme durch die Gruppe Truppenübungsplatzbetrieb festzulegen.

Die Übungstruppe erhält von uns eine Umweltschutzkarte, deren Auflagen während des gesamten Übungsaufenthalts zu beachten sind. Überwacht wird dieses durch die Schiedsrichter des Ausbildungsdienstes, die Gruppe Truppenübungsplatzbetrieb und mithilfe der Systemtechnik.

Über Abfall brauchen wir nicht zu reden: Der wird, so wie es sein soll, gesammelt und entsorgt. Jeder Nutzer ist an das Entsorgungskonzept gebunden.

Aufgrund dieser kleinen Auswahl an Auflagen bezüglich der Fauna und Flora wird bereits deutlich, dass viel für den Erhalt der Natur getan wird.

„Wir sind uns der Verantwortung bewusst."

Seit Juli 2013 ist amtlich, dass es Wolfsnachwuchs auf dem TrÜbPl Altmark gibt. Nachdem bereits eine Wölfin auf dem Übungsplatz fotografiert werden konnte, ist es jetzt mit Fotofallen gelungen, mindestens fünf Wolfswelpen beim Herumtollen aufzunehmen.

Auf den folgenden Seiten möchte ich nun all denen, die noch nicht auf unserem Platz waren, die Natur mit ein einigen Bildern nahebringen. Es versteht sich, dass Fotos die Realität nicht hinreichend wiedergeben können und erst recht nicht, wenn sie von einem Laien wie mir oder von Herrn Müller gemacht wurden. Aber mit etwas Fantasie sind Sie vielleicht in der Lage, die Schönheit unseres Truppenübungsplatzes in der Colbitz-Letzlinger Heide zu erkennen.

Bild 108: Heideblüte

Bild 109: Wildschweingruppe

Bild 110: Erste Wolfsichtung

Bild 111: Füchse sind sehr häufig zu sehen

Bild 112: Bewachsener Bunker

Bild 113: Blick von oben auf den TrÜbPl Altmark

Kapitel 4
Funktion und Bedeutung des Gefechtsübungszentrums Heer aktuell

Das Gefechtsübungszentrum Heer „heute"

Ich hatte im Kapitel „Der Aufbau" mit den Beiträgen zur Ausbildung abgebrochen und versprach Ihnen, an anderer Stelle fortzufahren. Dies will ich hier im Kapitel GefÜbZH „heute" tun.

Der Auftrag, dem sich das GefÜbZH aktuell stellt, sieht ganz anders aus als vor zehn Jahren. Einst lag der Schwerpunkt der Ausbildung im klassischen Gefecht, das auf die Aufgaben im Rahmen der Landesverteidigung zugeschnitten war. Heute liegen die Schwerpunkte in den neuen Aufgaben, denen sich die Bundeswehr schon mehr als 18 Jahre stellen muss. Die Einsätze in Krisengebieten bestimmen seit Jahren unsere Entwicklung, stehen im Fokus des GefÜbZH und benötigen daher unsere volle Aufmerksamkeit.

„Es geht um Menschenleben."

Seit 2003 ist das GefÜbZH im sogenannten „Wirkbetrieb" und entwickelt sich von Tag zu Tag mit seinen Aufgaben weiter. Mithilfe der modernen Computertechnik hat die Ausbildung ein neues Gesicht bekommen und ist noch lange nicht am Ende seiner Möglichkeiten angekommen. In der Ausbildung von heute gibt es keine Diskussionen mehr darüber.

„Was ist passiert?"

Heute sprechen wir darüber:

„Warum ist es passiert?"

Die genutzte computerunterstützte Ausbildung steht dabei für

„Realitätsnähe", „Effektivität" und „Wirtschaftlichkeit"

und ist allen anderen gängigen Simulationsverfahren für den scharfen Schuss überlegen. Sie ist sehr realistisch und dennoch absolut ungefährlich.

Das Führungskönnen und die Verhaltenssicherheit auf Zug-, Kompanie- und Bataillonsebene wird dabei in kurzer Zeit deutlich verbessert. Warum das so ist, werden Sie erkennen, wenn ich Ihnen die moderne Ausbildung des GefÜbZH von heute vorgestellt habe.

Das GefÜbZH führt derzeit in einem Kalenderjahr insgesamt 21 Übungsdurchgänge mit jeweils zehn bis 14 Tagen durch. Dabei sind wir in der Lage das gesamte Aufgabenspektrum des Heeres abzubilden. Die Übungstruppe kann am GefÜbZH für die Aufgaben innerhalb der NATO und der Europäischen Union (EU) zertifiziert werden. National und multinational können pro Übungsdurchgang derzeit bis zu 1.500 Soldaten ausgebildet werden.

Die Übungsdurchgänge sind vom Grundverlauf, der sich bis heute bewährt hat, alle gleich aufgebaut. Lediglich die Ausbildungs- und Übungsinhalte werden in einer Vorabsprache ca. sechs Monate vor Ausbildungsbeginn durch den Truppenführer (in der Regel der Brigadeführer) festgelegt. Das Personal des GefÜbZH berät dabei mit seiner jahrelangen Erfahrung in der Ausbildung und Übung.

Ein Übungsdurchgang besteht im Kern aus einer Erkundung, dem Einrüsten des Personals und Materials, der Einsatzgefechtsübung Teil 1 und Teil 2, einer digitalen Führungsübung und dem Ausrüsten. Was sich im Einzelnen dahinter verbirgt, möchte ich Ihnen nun vorstellen.

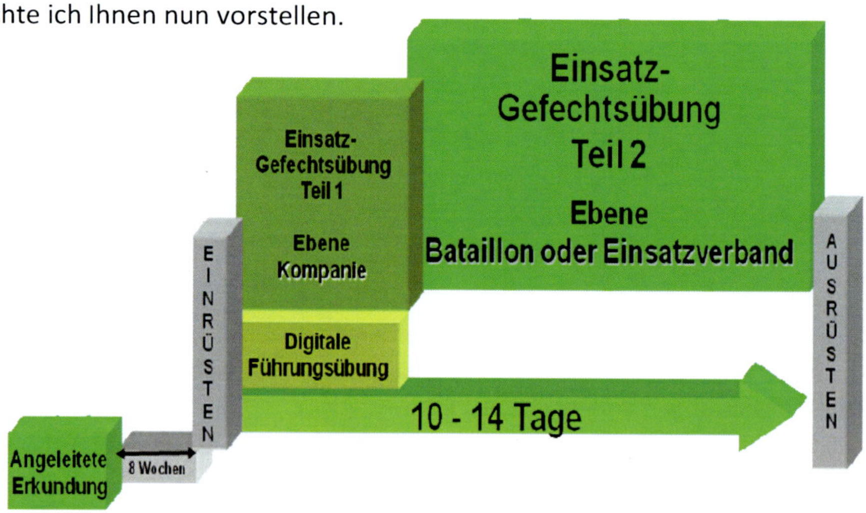

Bild 114: Grafische Darstellung eines Übungsdurchgangs

Der Übungsdurchgang

Etwa acht Wochen bevor die Übungstruppe zum GefÜbZH anreist, findet unter Anleitung des Ausbildungsdienstes eine angeleitete Erkundung statt. Während dieser Erkundung haben die Führer der Übungstruppe die Möglichkeit, den Truppenübungsplatz kennenzulernen, ihre vorbereiteten Operationspläne mit dem Gelände abzustimmen und gegebenenfalls anzupassen. Mit einem Vorkommando, das die Übernahme der Unterkünfte im Truppenlager Planken durchführt, beginnt der Übungsdurchgang. In der Regel führt der jeweilige Kompaniefeldwebel (Spieß) der Einheit diese Vorkommandos.

Die gepanzerten Fahrzeuge der Übungstruppe kommen über den Bahntransport direkt im Verladebahnhof *(Bild 115)* innerhalb der Kaserne in Letzlingen an. Das Personal gelangt zum größten Teil in Personenbussen oder Radfahrzeugen über den Landmarsch, jedoch in kleinen Marschkolonnen, nach Letzlingen. Sobald die Übungstruppe vollzählig ist, geht es Schlag auf Schlag. Alle Fahrzeuge und Waffen der Übungstruppe werden durch den industriellen Betreiber an einem Tag mit der Systemtechnik AGDUS eingerüstet.

„Die Truppe übt mit ihrem eigenen Gerät.“

Bild 115: Verladebahnhof innerhalb der Kaserne

Parallel wird die Übungstruppe belehrt, begrüßt und auf den ersten Übungstag vorbereitet. In einer Wirksimulationsausbildung wird die Technik geprüft und auf die jeweilige Waffe justiert.

Der erste Teil des Übungsdurchgangs besteht aus einer sogenannten Einsatzgefechtsübung Teil 1 auf der Ausbildungsebene der Kompanie (ca. 100 Soldaten). In diesem ersten Teil werden in einem Stationskreislauf die in der Vorabsprache festgelegten Ausbildungsthemen behandelt, ausgewertet und besprochen.
Im gleichen Zeitraum wird der Stab mit seinen Führungskräften in einer digitalen Führungsübung auf seine Aufgaben im Einsatz vorbereitet.

Nach der Einsatzgefechtsübung Teil 1 gibt es fast immer einen Vorbereitungstag, an dem die Übungstruppe ihre Maßnahmen zur Vorbereitung der Einsatzgefechtsübung Teil 2 treffen kann. An diesem Tag werden auch die Befehlsausgaben durchgeführt und die Einsatzräume für die Ausgangslage bezogen. Je nach Übungsablauf dürfen an diesem Tag bereits Aufklärungskräfte angesetzt werden.

Die Einsatzgefechtsübung Teil 2 ist in der Regel eine durchgängige Übung, die 48 bis 72 Stunden dauert. Jeder Soldat, vom Kommandeur bis zum Gefreiten, lebt in einer Gefechtslage, die sein Handeln während der gesamten Übung bei Tag und Nacht bestimmen wird. Unsere Ausbildungsmethode besteht aus einem Vierklang, der sich ständig wiederholen kann und die Übungstruppe daher effektiv ausbilden und einsatznah vorbereiten kann.

„Ausbilden – Üben – Auswerten – Besprechen."

Wenn nötig, wird die laufende Übung angehalten, um eine Besprechung durchzuführen. So können entscheidende Fehler, die das Ziel der Übung gefährden, sofort abgestellt werden. Nach der Besprechung, die vor Ort mithilfe der mobilen Auditorien durchgeführt wird, nehmen alle Soldaten wieder ihre Ausgangsposition ein. Die Übung wird sodann an einem zuvor festgelegten Punkt fortgesetzt oder wenn erforderlich wiederholt.

„Wir bringen die Technik zum Soldaten."

Die Kompanieschiedsrichter des Ausbildungsdienstes besprechen die Situation auf Befehl der Leiter Ausbildung/Übung (Kompaniechefs und Zugführer).

Der Leiter Ausbildung/Übung oder der Leiter des Ausbildungsdiensts bespricht den Übungsverlauf mit dem Kommandeur der Übungstruppe.

Am letzten Übungstag eines Übungsdurchganges werden die wichtigsten Punkte durch den Leiter Ausbildung/Übung in einer Schlussbesprechung im großen Auditorium nach einer sorgfältigen Auswertung diskutiert.

„Die Bewertung führt der Truppenführer durch."

Am letzten Tag wird die Übungstruppe ausgerüstet und an ihren Standort zurückverlegt. Lediglich ein Nachkommando übergibt noch genutztes Gerät und Unterkünfte an das GefÜbZH.

Ich bin davon überzeugt, dass die Übungsdurchgänge in ihrer Struktur dem Ausbildungsstand der Übungstruppen angepasst sind. Ob die inhaltlichen Anforderungen durch die Truppe bewältigt werden können, zeigt sich jedoch immer erst während der Übung.

Natürlich könnte vorausgesetzt werden, dass die Truppe bereits ausgebildet sein sollte, wenn sie kurz vor ihrem Einsatz steht, was sie zum größten Teil auch ist. Aber der Einsatz der Technik im GefÜbZH bietet uns die Möglichkeit, die Ausbildungserfolge für die Truppe sichtbar zu machen. Dies kann die Truppe in ihren Standorten aufgrund der fehlenden Technik nicht leisten. Nur hier beim GefÜbZH kann man der Truppe einschließlich ihrer Führer die Erfolge und Misserfolge aufgrund ihres Handelns während der Ausbildung oder der Übung aufzeigen.

„Eigene Erfolge oder Misserfolge erkennen."

Grundgedanke jeder Ausbildung ist, so der Inspekteur unseres Heeres: „Vom Einsatz her denken, vom Einsatz her handeln, Truppe zuerst." Es ist für alle verständlich, dass die zum Einsatz gehenden Soldaten unsere volle Aufmerksamkeit benötigen. Aber auch die Soldaten, die nicht eingesetzt werden, leisten einen ebenso wichtigen und unverzichtbaren Beitrag für den Erhalt des Friedens und der Stabilität. Daher verdienen sie im gleichen Maße unsere volle Anerkennung.

„Gemeinsam sind wir stark und alle sind wichtig."

Das System des Gefechtsübungszentrums Heer

Das GefÜbZH versteht sich als System und besteht aus drei Säulen, die untrennbar voneinander sind. Die Säulen „Personal" „Gelände" und „Technik" bilden das Fundament des GefÜbZH und machen es zu einem System, das in besonderer Weise funktioniert.

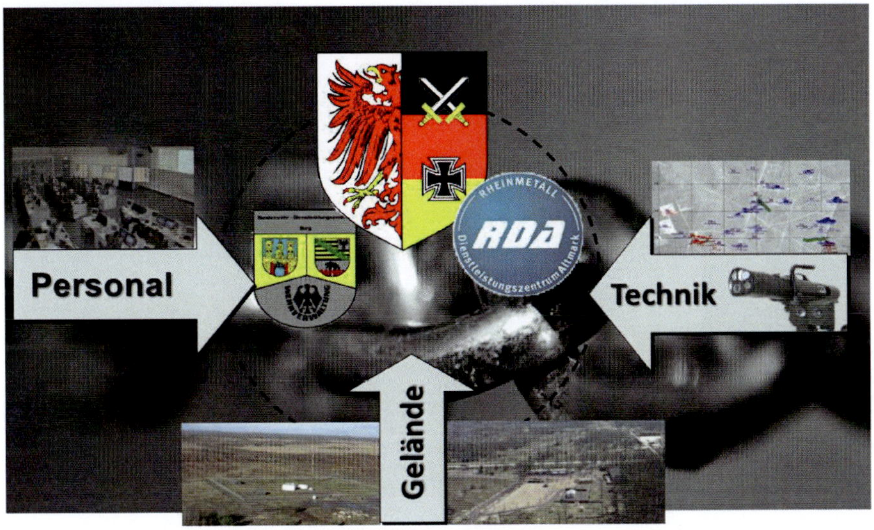

Bild 116: Die drei Säulen des Systems GefÜbZH

Es ist kein Zufall, dass ich das System vor einer gewaltigen Kette darstelle. Die Kette soll den Zusammenhalt dieser drei Säulen symbolisieren und unterstreicht, dass Personal, Gelände und Technik nur im Verbund funktionieren können. Wird eine der drei Säulen schwächer, wirkt sich das auf das gesamte System des GefÜbZH aus.

„Ich glaube, in naher Zukunft werden wir auf engstem Raum und mit weniger Personal noch effektiver ausbilden."

Selbstverständlich macht die Säule „Technik" die Ausbildungseinrichtung GefÜbZH einzigartig innerhalb der Bundeswehr. Unbestritten ist auch, dass unser Truppenübungsplatz, der zurzeit als einziger Übungsplatz noch dem Heer untersteht, der größte Kettenübungsplatz Deutschlands ist. Aber unser wichtigstes Gut ist und bleibt das Personal. Hierbei ist unwichtig, ob es der Soldat in einer Führungsposition, hinter der Panzerfaust oder gar der Zivilangestellte ist.

Militärisches Personal

Ich möchte damit beginnen, Ihnen die Säule „Personal" vorzustellen, die in zwei große Bereiche unterteilt ist. Auf der einen Seite steht das militärische Personal, auf der anderen Seite das zivile und industrielle Personal. Zivil und industriell daher, da in diesem Bereich zum einen das zivile Personal des Bundeswehrdienstleistungszentrums (ehemals STOV), also Bundeswehrangehörige, seinen Dienst leistet und zum anderen die zurzeit industriellen (zivilen) Angestellten der Firma Rheinmetall Dienstleistungszentrum Altmark GmbH (RDA) für die Bundeswehr arbeiten. Auf dieses Personal möchte ich allerdings erst später eingehen und Ihnen zunächst das militärische Personal und seine Aufgaben vorstellen.

Mit über 700 Soldaten stellt das GefÜbZH sicher, dass die Übungstruppe in den allgemeinen Gefechtsarten (z. B. Angriff) und auf ihre Auslandseinsätze (hier zurzeit Schwerpunkt Afghanistan) vorbereitet wird.

Dazu teilt sich das Personal in mehrere Bereiche auf.

An der Spitze steht der Leiter des GefÜbZH. Er trägt die Gesamtverantwortung und ist dem zivilen und industriellen Bereich hinsichtlich der Vorgabe von Schwerpunkten und Provozierung von Einzelmaßnahmen gegenüber weisungsbefugt. Er hat aber keine Eingriffsmöglichkeiten in interne Betriebsabläufe der industriellen Leistungserbringer des Unterstützungsbereiches.

Unser derzeitiger Leiter ist Oberst Gunter Schneider. Er ist 1964 in Siegen-Eisern (NRW) geboren und 1984 beim Jägerbataillon 552 in Böblingen in die Bundeswehr eingetreten. 1992 wurde er Kompaniechef im 2. Panzergrenadierbataillon 342 in Koblenz und 2005 Kommandeur des Panzergrenadierbataillons 152 in Schwarzenborn. Nach seinen Verwendungen im BMVg und im Personalamt der Bundeswehr wurde er schließlich Kommandeur des Jägerregiments 1 in Schwarzenborn.

Oberst Schneider hat bisher an insgesamt zwei Einsätzen teilgenommen. Von November 2005 bis März 2006 war er Kommandeur des Deutschen Einsatzverbandes im 9. Deutschen Einsatzkontingent ISAF. Im Jahr 2012 war im 28. Deutschen Einsatzkontingent ISAF als Berater (Senior Mentor) des Kommandeurs der 3. Brigade des 209. Korps der afghanischen Nationalarmee (ANA) eingesetzt.

Im November 2012 hat Oberst Schneider das GefÜbZH übernommen und damit auch die Verantwortung über das Personal, das hier seinen Dienst als Soldat, ziviler oder industrieller Mitarbeiter leistet.

Oberst Schneider, aufgrund Ihrer Erfahrungen in der Ausbildung/Führung und bei den derzeit laufenden Einsätzen haben Sie sicher schon vieles miterlebt. Aktuell sind Sie Leiter einer einzigartigen Ausbildungseinrichtung, die noch nicht am Ende ihrer Möglichkeiten angekommen ist und weltweit Anerkennung findet.

Würden Sie uns bitte mit Ihren Worten das GefÜbZH und seine Philosophie beschreiben?

Das GefÜbZH ist die zentrale Ausbildungseinrichtung des Heeres zur einsatz- und truppengattungsgebundenen Ausbildung von Verbänden und Einheiten aller Truppengattungen des Heeres und der militärischen Organisationsbereiche in Einsatz- bzw. Gefechtsgliederung für landbasierte Operationen verbundener Kräfte. Das GefÜbZH bildet dabei mit Vorrang für das Heer grundsätzlich streitkräftegemeinsam und bei Bedarf multinational aus.

Im GefÜbZH werden darüber hinaus auch Verbände und Einheiten der anderen militärischen Organisationsbereiche sowie – nach ministerieller Billigung – Truppenteile anderer NATO-Partner oder befreundeter Staaten beübt. Sämtliche Ausbildung findet dabei ohne „scharfen Schuss" unter Nutzung modernster Simulationstechnik statt. Eben diese technische Ausstattung ist es, die das GefÜbZH so einmalig in der „Ausbildungslandschaft" des Deutschen Heeres und der Streitkräfte macht.

Welche Ziele haben Sie für das GefÜbZH gesteckt und wie wollen Sie diese Ziele erreichen?

Ich habe mir zum Ziel gesetzt, das GefÜbZH zukunftsfähig zu halten, um so auch weiterhin die Truppe als „Ausbildungsdienstleister" beim Herstellen und Halten der Einsatzbereitschaft nachhaltig unterstützen zu können. Dabei heißt „zukunftsfähig sein":

+ in allen Bereichen fachlich kompetentes und motiviertes Personal zu haben,
+ über eine leistungsfähige und hochmoderne Systemtechnik zu verfügen und
+ die Ausbildung im GefÜbZH inhaltlich und organisatorisch immer aktuell, zweckmäßig und richtig zu gestalten.

Dieses Ziel eines zukunftsfesten GefÜbZH ist jedoch nur gemeinsam mit engagierten, leistungsfähigen und innovativen Mitarbeitern, seien sie militärisch oder zivil, zu erreichen. Über ein solches Team verfüge ich hier im GefÜbZH Gott sei Dank.

Das GefÜbZH bildet im Schwerpunkt für die Einsätze in den Krisengebieten aus. Das heißt, dass Sie in Ihrer Zeit als Regimentskommandeur mit Ihrem Verband an der Ausbildung im GefÜbZH vor Ihrem Einsatz in Afghanistan 2012 teilgenommen haben. Wie empfanden Sie die Ausbildung und Vorbereitung auf den Einsatz aus der Sicht des betroffenen Führers? Hätte man mehr tun können oder hätten Sie sich etwas anderes für Ihre Soldaten gewünscht?

Die Ausbildung im GefÜbZH war der Schluss- und Höhepunkt der einsatzvorbereitenden ISAF-Ausbildung unseres Einsatzkontingentes. Vor dem Hintergrund unserer Einsatzerfahrungen kann ich im Nachgang zu unserem ISAF-Einsatz als Task Force Mazar-e-Sharif sagen, dass die Ausbildung im GefÜbZH inhaltlich „auf den Punkt" gebracht war, alle unsere Einsatzerfordernisse abgedeckt hat und meine Soldaten und mich insgesamt sehr gut auf alle Herausforderungen im Einsatz vorbereitet hat. Insofern sind damals ausbildungsspezifisch keine „Einsatzwünsche" offen geblieben.

Ein Führungselement des Leiters GefÜbZH ist der **Stab.** Er ist aufgeteilt in fünf Stabsabteilungen und dient in erster Linie zur Verwaltung der Dienststelle. Der Aufgabenbereich des Stabes umfasst administrative und organisatorische Angelegenheiten wie zum Beispiel die Personalverwaltung, Presse- und Öffentlichkeitsarbeit, die personelle und materielle Absicherung der Dienststelle, Materialeinsatz und Materialbewirtschaftung, Sicherstellung der Führungsunterstützung und IT-Sicherheit sowie die Überwachung und Bereitstellung von finanziellen Mitteln.

Die **Gruppe „Truppenübungsplatz Betrieb"** mit ihren Feuerwerkern stellt die innere und äußere Sicherheit auf dem TrÜbPl Altmark sicher. Sie koordiniert die Munitionsberäumung und führt systematische und ereignisorientierte Munitionssuche so durch, dass eine Gefährdung von Personal und Material ausgeschlossen ist. Des Weiteren überwacht die Gruppe mit ihrem Personal die Einhaltung der Umweltschutz- und Schießsicherheitsbestimmungen.

Sie ist verantwortlich für

- *den Betrieb, Unterhalt sowie den weiteren Ausbau,*
- *die Einhaltung der Sonderbestimmungen,*
- *die Sicherstellung der nachhaltigen Nutzung,*
- *die Erstellung der Vorgaben für die Platzpflege und den Unterhalt des TrÜbPl Altmark.*

Oberstleutnant Hering ist Leiter der Gruppe „Truppenübungsplatz Betrieb"; es ist 55 Jahre alt und seit 1976 Soldat. Seit knapp 30 Jahren ist er im Bereich des Truppenübungsplatzdienstes tätig.

Über einen sogenannten „Verwendungsaufbau" hat er alle Stationen auf diversen Truppenübungsplätzen durchlaufen. Dies waren unter anderem:

- Schießsicherheitsoffizier/-stabsoffizier in Munster/Klietz
- Umweltschutzoffizier in Bergen/Munster
- Stellvertretender Kommandant in Klietz
- Referent für Truppenübungsplatzmanagement im Streitkräfteunterstützungskommando in Köln und
- Kommandant des Truppenübungsplatzes Wittstock.

So konnte er alle Facetten seines Berufsbildes kennenlernen. Sein Aufgabenspektrum reicht von der Schießsicherheit über die Kampfmittelbeseitigung bis hin zum Naturschutz auf Truppenübungsplätzen.

> *Es ist eine interessante und vielseitige Arbeit. Insbesondere die Zusammenarbeit mit anderen Bundes- und Landesbehörden ist aufgrund der unterschiedlichen Landesgesetzgebungen stets eine Herausforderung. So hat z. B. jedes Bundesland, angelehnt an das Bundesnaturschutzgesetz, seine eigene Gesetzgebung und entsprechende Durchführungsbestimmungen,* sagte er mir.

Herr Oberstleutnant, wie ist Ihr Bereich gegliedert und welche Aufgaben haben Sie zu erfüllen?

In meinem Arbeitsbereich sind insgesamt 84 Soldaten und zivile Mitarbeiter tätig. Sie erfüllen dabei folgende Aufgaben:

Infra/Umweltschutz: Bearbeitung aller Grundlagendokumente für die Nutzung und den Ausbau des TrÜbPl Altmark und der Kasernen am Standort. Realisierung des Platzausbaus in Zusammenarbeit mit Behörden und Ämtern.

Kampfmittelbeseitigung: Beräumung des TrÜbPl Altmark von Blindgängern und unbrauchbarer Munition.

Schießsicherheit: Überwachung des Einsatzes von Übungsmunition und Koordinierung von Rettungs- und Bergungskräften.

Fernmeldebau Truppenübungslatz: Ausbau des drahtgebundenen Fernmeldenetzes auf dem TrÜbPl Altmark.

Truppenübungsplatzfeuerwehr: Vorbeugender Brandschutz, Brandbekämpfung sowie Rettung und Bergung von Personen gemäß der gesetzlichen Hilfsfristen.

Wo sehen Sie die größte Herausforderung bei der Erfüllung Ihrer Aufgaben?

Mein Hauptziel ist es, der Übungstruppe den bestmöglichen Ausbildungserfolg zu ermöglichen. Das sehe ich als kameradschaftliche Pflicht. Zum anderen haben sich in den letzten zwei Jahrzehnten die gesetzlichen Auflagen und Beschränkungen deutlich erhöht. Insbesondere haben die Belange des Natur- und Artenschutzes, des Trinkwasserschutzes und der Vermeidung von Lärmimmission sehr enge Grenzen gezogen. Diese Bestimmung einzuhalten und gleichzeitig alle Forderungen der Übungstruppe zu erfüllen ist eine tägliche Herausforderung.

Welche Gefahrenpotenziale stellt der TrÜbPl Altmark heute noch für Soldaten und Zivilisten dar?

Die Truppenübungsplätze oder ehemaligen Übungsflächen sind keine „Streichelzoos“. Durch den jahrzehntelangen Einsatz von Munition und Darstellungsmitteln kommt es zu einer Anhäufung von Blindgängern. Trotz intensiver Bemühungen und einem Aufwand von rund 360 Mio. Euro, sind heute erst 20 % des TrÜbPl Altmark bis 2,5 m tiefenberäumt. Auf der restlichen Fläche haben wir Beräumungstiefen von 20 bis 80 cm. Nach starken Frösten werden stetig Blindgänger an die Oberfläche gedrückt.

Allein in 2012 haben meine Feuerwerker über 3.000 Stück sprengkräftige Granaten gefunden und an den Kampfmittelbeseitigungsdienst des Landes Sachsen-Anhalt zur Vernichtung übergeben. Trotz der bereits erfolgten Beräumungsaktionen befinden sich noch 1,5 Mio. Störkörper in einer Tiefe von über 80 cm im Boden. Als Störkörper bezeichnet der Fachmann Metallgegenstände, die das Erdmagnetfeld stören. Im Regelfall sind das Blindgänger. Sie zu beräumen ist eine Generationenaufgabe und nicht bezahlbar.

Herr Oberstleutnant, glauben Sie, dass der Platz in Zukunft so sicher sein wird, dass man Teilbereiche für Zivilisten zugänglich machen kann? Wenn ja, welche Bereiche sind das und wie wäre zu verfahren, wenn man den Platz betreten möchte?

Die Unversehrtheit von Leib und Leben ist das höchste schützenswerte Gut im Grundgesetz. Deshalb wurde in der „Arbeitshilfe Kampfmittelbeseitigung (AHK)" der Bundesrepublik Deutschland festgelegt, dass Flächen für den „öffentlichen Publikumsverkehr" freigegeben werden dürfen, wenn eine Mindesträumtiefe von 2,5 m gewährleistet ist. Will man auf derartigen Flächen bauen, schreibt die AHK sogar eine Räumtiefe von 6 m vor. Da wir derartige Räumtiefen auf dem TrÜbPl Altmark nicht sicherstellen können, muss er für das Betreten durch die Öffentlichkeit gesperrt bleiben. Es ist uns jedoch auch bewusst, dass die Bewohner aus den Anrainergemeinden gern etwas von den Naturschönheiten auf dem TrÜbPl Altmark sehen möchten. Aus diesem Grund haben wir zwei Wanderwege gemäß der Bestimmungen dieser Arbeitshilfe (AHK) beräumt. Das sind der Prinzendamm und der Jägerstieg.

Dort kann man, außerhalb der Übungszeiten, auch heute schon den Reiz der altmärkischen Heide genießen. Gefährdungen für die Besucher sind dort nach dem derzeitigen Stand der Technik ausgeschlossen. Das Verlassen dieses gekennzeichneten Weges ist jedoch aus den o. a. Gründen verboten. Bei Zuwiderhandlungen drohen zum Teil deftige Geldstrafen. Keine Blaubeere, kein Pilz sollte es wert sein, seine eigene Gesundheit zu gefährden!

Die **Gruppe „Controlling"** sorgt mit einem leistungsstarken Controlling für die Wirtschaftlichkeit dieser modernen Ausbildungseinrichtung. Sie steuert, überwacht und analysiert alle Phasen des Übungsdurchganges hinsichtlich Auftrags- und Betriebsablaufcontrolling. Sie kalkuliert Kostenansätze, sucht ständig Ansätze zur Kosten- und Prozessoptimierung und überwacht die vertragskonforme Leistungserbringung der industriellen Auftragnehmer gemäß der aktuellen Vertragslage. Stabsfeldwebel Matthias Pawlowski ist seit 1998 im GefÜbZH. Angefangen hatte er als Truppenversorgungsarbeiter (TVB), heute sitzt er im Stabsgebäude im Bereich der Gruppe Controlling als Datenverarbeitungsfeldwebel (DVFw).

Stabsfeldwebel Pawlowski, welche Aufgaben haben Sie in Ihrer Funktion als DVFw im Bereich des Controllings?

Bevor ich auf diese Frage antworte, möchte ich darauf hinweisen, dass der Bereich Controlling in zwei Bereiche gegliedert ist. Der eine Bereich ist für das Dienststellencontrolling und der andere für das Vertragscontrolling zuständig. Ich bin mit zwei weiteren Kameraden im zweiten Bereich, dem Vertragscontrolling eingesetzt. Ich sammle Daten aus mehreren Bereichen des GefÜbZH, unter anderem aus dem Bereich des industriellen Betreibers, aber auch aus den Ausbildungsbereichen. Diese Daten fasse ich zusammen und erstelle Statistiken, die meinen Vorgesetzten im GefÜbZH, den Kommandobehörden, dem Nutzungsleiter oder Führungskommando Heer zur Verfügung gestellt werden.

Eine weitere Aufgabe ist die Kostenaufstellung für die Nutzung ausländischer Truppen, die das System GefÜbZH nutzen. Als Letztes sind noch viele Nebenaufgaben zu nennen wie zum Beispiel VS-Kryptoverwalter.

Können Sie mir einige Daten nennen, die bei Ihnen zur weiteren Verarbeitung eingehen und was Sie mit diesen ganzen Informationen machen?

Im Wesentlichen sind das Zahlen wie zum Beispiel die Kilometerleistung und der Kraftstoffverbrauch der Rad- und Kettenfahrzeuge. Aber auch Einsatzzeiten von Personal und Material sowie finanzielle Ausgaben gehen bei mir ein. Alle gemeldeten Daten werden in eine Datenbank eingepflegt und bei Bedarf zur Verfügung gestellt. Mit einem von mir erstellten System bin ich in der Lage bereits im Voraus mit einer Sicherheit von etwa 80 % die anfallenden Ausgaben für das laufende Jahr zu bestimmen.

Um Ihnen einen kleinen Einblick zu geben, möchte ich Ihnen einige Zahlen aus 2012 nennen.

Gesamtkilometerleistung	= 2.184.328 km
Kraftstoffverbrauch	= 537.183 l
Auszubildendes Personal	= 12.907 Soldaten

Herr Stabsfeldwebel, Sie hatten eingangs erwähnt, dass Sie bereits seit 1998 beim GefÜbZH sind. Wenn Sie die Abläufe von damals mit den heutigen vergleichen, was sind Ihrer Meinung nach die wesentlichsten Unterschiede?

Bis 2000 wurde die Versorgung mit militärischem Personal sichergestellt. Das heißt, dass Soldaten die Fahrzeuge instandgesetzt, den Fuhrpark betrieben, Munition verwaltet sowie Waffenkammern und Tankstellen besetzt haben. Heute stehen hinter diesen Aufgaben industrielle Arbeiter, die vom Unterstützungsbereich geführt und eingesetzt werden.

Glauben Sie, dass sich dieses Modell bewährt hat?

Ja, denn ich glaube, dass die interne Optimierung beim industriellen Betreiber einfacher und effektiver als bei der Bundeswehr ist. Wenn wir zum Beispiel mit zehn Soldaten in der Instandsetzung arbeiten und auch bei höherem Arbeitsaufkommen kein zusätzliches Personal haben, kann der industrielle Betreiber Zeitarbeiter einstellen oder intern umschichten, um diese zusätzlichen Aufgaben in kürzester Zeit zu erfüllen.

Vielleicht können Sie uns noch etwas zum Dienststellencontrolling sagen?

Das Dienststellencontrolling macht die Zusammenhänge zwischen Zielen, Leistungen, Befähigungen und Prozessen in Verbindung mit dem Ressourceneinsatz transparent und ermöglicht eine qualitative und quantitative Bewertung von Zielerreichung und Wirtschaftlichkeit. Es unterstützt die Führer bei der Realisierung eigener und vorgegebener Ziele. Damit sollen Abläufe optimiert, Führungsprozesse gestaltet und Informationsbeziehungen entwickelt werden.

Controlling im Heer erhält, ermittelt, bereitet auf und bewertet führungsrelevante Informationen, erarbeitet Prognosen und stellt die so gewonnen Erkenntnisse zeitnah sowie bedarfsgerecht für die Entscheidungsträger bereit.

Die **Gruppe „Grundlagen"** koordiniert, steuert und bearbeitet alle Aufgaben der Dienststelle im Zusammenhang mit der Weiterentwicklung des Auftrages und der Systemtechnik des GefÜbZH. Sie bearbeitet im Rahmen des Prozesses „Concept Development and Experimentation" die konzeptionellen Anteile der Aufgaben des GefÜbZH im Zusammenhang mit der Funktion als Testumgebung für vernetzte Operationsführung. Das hört sich alles sehr kompliziert an, ist es aber nicht. Daher habe ich den Leiter dieser Gruppe, Herrn Oberstleutnant Peter Makowski, gefragt, ob er uns mit einfachen Worten die Aufgaben der Gruppe Grundlagen erläutern kann.

Unserer Arbeit liegt die interne Kommunikation im GefÜbZH zugrunde. Dies bedeutet, dass alle Maßnahmen nach außen bereits intern abgestimmt sind, um die konzeptionelle Abstimmung nach außen sicherzustellen.

„Alle Beiträge kommen aus einer Hand"

So ist die Ausbildungsinfrastruktur auf die Zukunft ausgerichtet. Wir stellen Defizite fest und steuern unsere Beiträge in ein Rüstungskonzept ein. So werden militärische Bedarfsforderungen gestellt oder Beiträge zu Initiativen an das Heeresamt geschickt. Fähigkeitslücken werden identifiziert und in einem Phasendokument, in dem der militärische Bedarf festgestellt wird, festgehalten. Im Bundesamt für Ausrüstung, Informationstechnik und Nutzung der Bundeswehr (BAAINBw) werden diese Phasendokumente weiter bearbeitet. Die wirtschaftlichen Bedingungen für die Technik und bedarfsgerechte Ausstattung werden hier gewährleistet. Das kann, wie an diesem grafischen Beispiel dargestellt, wie folgt aussehen:

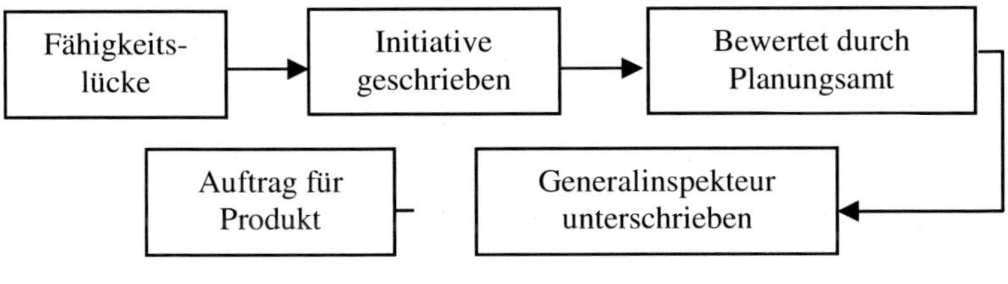

Ich hatte Ihnen einleitend gesagt, dass dies alles gar nicht so kompliziert ist. Ich muss mich leider revidieren:

„Es ist doch kompliziert."

Die Gruppe „Grundlagen" des GefÜbZH ist auch international tätig. In einem internationalen Gremium, das aus zurzeit sieben europäischen Nationen besteht, wird an landesübergreifenden Maßnahmen zur Optimierung gearbeitet. So wurde beispielsweise die optische Schnittstelle für AGDUS und GefÜbZH (OSAG 2.0 Code) zur Harmonisierung des Lasercodes festgelegt. Dieser Code ermöglicht, dass Waffenwirkungen in allen Laser-Systemen der Realität entsprechen. So erkennt ein niederländischer Panzer, dass er von einem deutschen Panzer getroffen wurde und die Schäden, die dieser Treffer real bewirkt hätte. Für unsere gemeinsamen Übungen in Vorbereitung auf multinationale Ausbildung und die Fähigkeiten im Rahmen von Einsätzen ist diese reale Darstellung unerlässlich. Auf der Ebene der NATO ist bereits ein entsprechendes System in Arbeit (UCATT).

Herr Oberstleutnant, wie hat sich das GefÜbZH Ihrer Meinung nach in den letzten zehn Jahren entwickelt und was glauben Sie, wohin die Reise gehen wird?

Wir haben uns konzeptionell deutlich in die Zukunft entwickelt und uns dadurch den Bedürfnissen der Truppe für die Einsatzfähigkeit angepasst. Dies zeigt sich meiner Meinung nach am hohen Stellenwert, den das GefÜbZH bei der Truppe und unseren Kommandobehörden hat. Im Laufe der Zeit sind wir noch professioneller geworden, was sich in der flexiblen Ausbildung der Truppe zeigt. Leider ist die Umsetzung bezüglich der Regeneration oder Funktionalität sehr langwierig und dauert nicht selten mehrere Jahre. Ich kann mir gut vorstellen, dass man nach einer allgemeinen Grundausbildung eine Einsatzausbildung, die alle Szenarien aus unserer Vorschrift HDV 100/100 abbildet, eine einheitliche Ausbildung in der gesamten Bundeswehr durchführt, sodass etwa 90 % der Ausbildung für jeden Soldaten gleich ist und den verbleibenden 10 % eine einsatzspezifische Ausbildung zugrunde liegt.

Herr Oberstleutnant Makowski, welches waren Ihre ganz persönlichen Highlights am GefÜbZH?

Mein vierjähriger Einsatz als Leiter des Ausbildungsverbandes war sicherlich einer meiner Höhepunkte. Das Führen von Menschen ist eine Herausforderung, der ich mich gerne gestellt habe.
Und als Zweites das Projekt „Schnöggersburg".

Was es mit diesem Projekt auf sich hat, werde ich Ihnen in einem späteren Kapitel noch etwas genauer erläutern.

Ein weiterer, ganz anderer Bereich ist der „**Ausbildungsbereich**". Hier leisten die Soldaten ihren Dienst, die die gesamte Übungsplanung und Ausbildung der Übungstruppe sicherstellen. Der größte Teil dieses Personals verfügt bereits über Einsatzerfahrungen und ist damit in der Lage die Übungstruppe auf Augenhöhe für ihre Auslandseinsätze auszubilden.

Frühere Kommandeure, Kompaniechefs und Zugführer leisten ihren Beitrag, um die gemeinsamen Ziele im Sinne der Aufträge des GefÜbZH zu erreichen. In der Grafik können Sie erkennen, dass der Ausbildungsbereich in die zwei Bereiche **Ausbildung/Übung** und **Ausbildungsverband** unterteilt ist. Der Bereich Ausbildung/Übung wird von einem Oberst geführt. Er ist zugleich der Stellvertreter des Leiters GefÜbZH und während der Übungsdurchgänge weisungsbefugt gegenüber dem rechts dargestellten Ausbildungsverband. Dieser wird von einem Oberstleutnant geführt.

Ausbildungsbereich

Ausbildung/Übung	*Ausbildungsverband*
▪ *Ausbildungsdienst*	*- Panzerkompanie*
▪ *Leitungsdienst*	*- Panzergrenadierkompanie*
+ Auswertedienst	*- Jägerkompanie*

Zunächst möchte ich auf den Bereich Ausbildung/Übung eingehen, der wie der Name bereits sagt die Ausbildung und die Übungen der Übungstruppe umfasst. Er gliedert sich in den Bereich Ausbildungsdienst und Leitungsdienst, wobei Letzterem der Auswertedienst unterstellt ist.

Selbstverständlich werde ich nicht alles ansprechen können, da jeder Bereich für sich schon ein Buch füllen würde. Aber ich möchte versuchen, mit einigen Sätzen und Dialogen mit Soldaten des entsprechenden Bereiches die Hauptaufgaben der einzelnen Felder (s. o.) zu beschreiben, um Ihnen auf diese Weise einen Überblick über die umfangreichen Aufgaben und jeweiligen Verantwortlichkeiten der Bereiche zu geben. Die verantwortlichen Führer waren bereit, meine Fragen zu beantworten, um sicherzustellen, dass ich Sie aus erster Hand über die Arbeiten und Verantwortlichkeiten informieren kann.

Bereich Ausbildung und Übung

An der Spitze des Bereiches Ausbildung und Übung steht Oberst Dieter Sladeczek. Er ist bereits seit 1972 Soldat. Im Oktober 2005 hat er den Bereich Ausbildung und Übung übernommen und trägt seitdem die Verantwortung für dieses Aufgabengebiet. Er steht gerne an der Spitze des Ausbildungsbereichs und ist sich seiner Ausbildungsverantwortung mehr als bewusst. Er weiß, dass sich die auszubildenden Soldaten auf die Qualität der Ausbildung im GefÜbZH verlassen.

Herr Oberst, wie wir bereits wissen, nehmen die verantwortlichen Truppenführer der Übungstruppe sechs Monate vor ihrem Durchgang mit Ihnen Verbindung auf, um den Übungsablauf zu besprechen. Nach welchen Gesichtspunkten beraten Sie die Truppenführer hinsichtlich der Ausbildungsthemen und der Übungsinhalte?

Die Truppenführer haben klare Vorstellungen, welche Ausbildungsziele zum Ende des Übungsdurchganges bei uns erreicht werden sollen. Wenn es um die Einsatzvorbereitungen für Afghanistan (ISAF) und den Balkan (KFOR) geht, leiten sie das aus den operativen Fähigkeitsforderungen, die das Einsatzführungskommando vorgibt, ab. Bei Übungsdurchgängen, die der allgemeinen Truppenausbildung zwischen den Einsätzen dienen, werden die Ausbildungsziele von den Forderungen der jeweils verantwortlichen Führer abgeleitet.

*Unser Ziel ist es, die letzte und zugleich höchste Stufe **„Beherrschen“** in der Ausbildung zu erreichen. Daraus leitet sich planerisch die bereits erreichte Stufe **„Können“** als Grundlage für die Ausbildung der Kompanien oder Bataillone ab.*

Das Motto und der Schwerpunkt der Übungsabsprache mit einfachen Worten zusammengefasst lautet daher

„wie“ und nicht „was“.

Auf welchem Weg erfahren Sie, was im Einsatzland gerade aktuell ist und wie gehen Sie mit diesen Informationen um?

Unsere Quellen sind vielfältig. So sind wir zum Beispiel am Meldewesen bezüglich der Vorfälle in den Einsatzländern beteiligt, um in der Einsatzausbildung schnell reagieren zu können. Deutsche sowie internationale Erfahrungsberichte und Gespräche mit Führern aller Ebenen sind ein Teil der Informationen, die der realitätsnahen Einsatzausbildung am GefÜbZH dienen.

Ein weiterer Fundus von Informationen, aus dem wir schöpfen können, ist die Einsatzerfahrung unserer eigenen Soldaten im GefÜbZH. Bei neu zu versetzenen Offizieren und Unteroffizieren legen wir großen Wert auf aktuelle Einsatzerfahrungen. Immer wieder leisten Soldaten des GefÜbZH ihren Dienst in Einsatzkompanien im Einsatzland. Regelmäßig fahren wir zur Erkundung und einem Erfahrungsaustausch in die jeweiligen Krisengebiete.

Oberst Sladeczek, wenn Sie die Männer und Frauen Ihres Bereiches beschreiben sollen, was wäre Ihrer Meinung nach am zutreffendsten?

Erfahrene Offiziere und Unteroffiziere, die sich der Verantwortung für ihre Kameraden bewusst sind.

Welche Ausbildungsphilosophie verfolgen Sie, um Ihren Ausbildungsauftrag umzusetzen?

Häufig benutzt und häufig missbraucht, aber für unseren speziellen Fall zutreffend:

Tiefe vor Breite.

Nachdem wir über die Ausbildungsstufe „Beherrschen“ gesprochen haben, können wir unsere Kameraden in den Einsatz verabschieden.

Glauben Sie, dass die Truppe gut auf ihren Auftrag vorbereitet ist oder haben Sie das Gefühl, dass man mehr tun kann?

Die Ausbildung der Soldaten beginnt in den Einheiten und Verbänden schon lange vor den Übungsdurchgängen im GefÜbZH. Der Abschluss der Ausbildung für die Einsätze sollte bei uns erfolgen. Es kommt vor, dass wir zum Ende eines Übungsdurchganges Lücken aufzeigen, die noch vor Einsatzbeginn zu schließen sind. Die verantwortlichen Truppenführer folgen in der Regel unseren Feststellungen bzw. Vorschlägen und setzen diese in konkrete Auflagen hier in ergänzender Ausbildung an den Standorten um.

Zusammengefasst bin ich der Überzeugung, dass wir unsere Soldaten guten Gewissens in den Einsatz gehen lassen können.

Sie sind in der Lage ihren Auftrag zu erfüllen.

Natürlich kann man immer noch mehr tun, doch ich bin davon überzeugt, dass die verfügbare Zeit optimal genutzt wird.

Wie stellen Sie sicher, dass Sie ständig über qualifiziertes und einsatzerfahrenes Personal verfügen?

Nur über die enge Zusammenarbeit mit der personalbearbeitenden Stelle und das Standhaftbleiben, wenn es um die Qualität und Einsatzerfahrung geht.

Wenn Sie in den Medien hören und sehen, dass deutsche Soldaten verwundet oder gar getötet wurden, mit welchen Gefühlen gehen Sie dann zum Dienst, wenn Sie wissen, dass die Soldaten noch kurz zuvor bei Ihnen in der Ausbildung waren?

Ich gehe mit einem Gefühl von Trauer und Mitgefühl für die betroffenen Soldaten und deren Angehörigen zum Dienst. Ich stelle mir zum tausendsten Mal die Frage, ob wir alles Mögliche in der Ausbildung getan haben, um die Auftragserfüllung bei maximalem Eigenschutz zu ermöglichen, ob wir alles erdenklich Mögliche getan haben, um Tod und Verwundung zu verhindern.

Wie alle Soldaten weiß ich, dass es keine Garantie gibt.

Der **Ausbildungsdienst** wird von einem Oberstleutnant, der bereits Kommandeur und im Einsatz gewesen ist, geführt. Sein Gebiet gliedert sich in die Bereiche Kampf und Einsatz/Kampfunterstützung. Im Bereich Kampf befinden sich sieben Ausbildungsteams, die sich aus Panzertruppe, Panzergrenadiertruppe, Jägertruppe und Soldaten der Heeresaufklärertruppe zusammensetzen. Im Bereich Kampfunterstützung sind Soldaten der Artillerie und Pioniertruppen eingesetzt. Die Dienstposten der Heeresflugabwehrtruppe werden seit längerer Zeit nicht mehr besetzt. Im Bereich der Einsatzunterstützung befinden sich die Soldaten der Instandsetzung, Logistik, des Sanitätsdienstes und Feldjägerdienstes.
Die Soldaten des Ausbildungsdienstes, die früher fast alle Kompaniechefs oder Zugführer und in dieser Funktion im Einsatz gewesen sind, stellen die umfangreiche praktische Ausbildung in der Einsatzgefechtsübung Teil 1 sicher. In der Einsatzgefechtsübung Teil 2 sind sie im Schiedsrichterdienst eingesetzt und unterstützen die Leitung bei der Durchführung der Übung.

„Einsatzerfahrung ist für die Ausbildung unerlässlich."

Während der Einsatzgefechtsübung Teil 1 bilden diese Kräfte die Soldaten auf verschiedenen Stationen in den durch den Truppenführer festgelegten Themen aus. Sie sind dem jeweiligen Auftrag und dem zu erreichenden Ausbildungsziel der Übungstruppe angepasst. Zu diesen Themen gehören meist Verhalten im Hinterhalt, Anfall von Massenverwundeten, Auffahren auf IED (Sprengfallen), Entsatz, Konvoischutz und Absicherungsmaßnahmen aller Art. Aber auch Themen bezüglich der Operationen verbundener Kräfte wie zum Beispiel Kampf um Engen, Kampf um Sperren und Angriff sind immer wieder Thema in der Ausbildung. Die Sanitätsausbildung spielt in allen Durchgängen eine wichtige Rolle und wird daher ständig auf einem hohen Niveau gehalten. Der Einsatz von Logistiktruppen und deren Einsatzaufträge werden ebenfalls in entsprechenden Durchgängen ausgebildet und geübt.

Bild 117: Soldat bei der Bergung eines Verwundeten

Oberstleutnant Hermann Cohrs ist der Leiter des Ausbildungsdienstes. Er führt die Ausbilder und Schiedsrichter und stellt die Umsetzung der geplanten Ausbildung und Übung sicher. Er selbst steht neben dem Bataillonskommandeur der Übungstruppe und steht ihm mit Rat und Tat zur Seite.

Ich fragte Oberstleutnant Cohrs, welchen Rat er den Kommandeuren, die das erste Mal in den Einsatz gehen, gibt.

Das Berücksichtigen des Führens mit Auftrag und dem scheinbaren Widerspruch zur Kontrolle im Führungsprozess ist ein Punkt, den ich immer wieder bei den Kommandeuren anspreche.

Aber auch das intensive Trainieren der Lagebeurteilung im Gefecht muss in Fleisch und Blut übergehen. Dies trifft natürlich nicht nur auf die Kommandeure, sondern auf alle Führer zu. Sorgsamer Umgang mit der Zeit, dass heißt: Der Umgang mit Vorbefehlen und die Gewährung von ausreichend Zeit für die Umsetzung der Befehle bis zum letzten Mann bzw. zur letzten Frau.

Die frühzeitige Einbindung der Spezialisten wie zum Beispiel die Soldaten der OP-Info (Operative Information), Feldjäger oder CIMIC (Civil Military Cooperation mit dem Hauptauftrag ein ziviles Lagebild im Einsatzland zu erstellen) bereits bei der Auswertung des Auftrages und bei den Planungsprozessen muss ebenso beachtet werden.

Ich kann mir gut vorstellen, dass es manchmal schwierig ist, die Soldaten der Übungstruppe von der eigenen Ausbildung zu überzeugen.
Wie wird die Ausbildung Ihrer Meinung nach von den Kompaniechefs und Zugführern der Übungstruppe angenommen, gerade dann, wenn diese selbst schon öfter im Einsatz waren und daher über entsprechende Einsatzerfahrungen verfügen?

Generell wird die Ausbildung positiv angenommen. Dies liegt unter anderem an dem kameradschaftlichen Umgang miteinander und dem Verfahren des dialogischen Prinzips in der Auswertung und Besprechung. Ziel ist grundsätzlich nicht nur über Zweckmäßigkeit und Unzweckmäßigkeit zu sprechen, sondern immer auch Lösungsmöglichkeiten aufzuzeigen. Dabei sollen die Führer nicht überfordert werden:

Achtung! Nicht Leitungslösung.

Wie ernst beziehungsweise wie realistisch wird die Ausbildung, wenn sich die Übungstruppe und eine aus dem Ausbildungsverband dargestellt Bevölkerung zum Beispiel bei dem Thema „Verhalten bei Demonstrationen" gegenüberstehen? Kann man solche Situationen überhaupt für den Soldaten in der Ausbildung realistisch umsetzen?

Wir sind an der Realität schon sehr nahe dran. Ziel ist es, die Einsatzrealität möglichst realistisch darzustellen. Dabei ist zu berücksichtigen, dass es nicht darum geht bestimmte Situationen im Einsatzland nachzustellen, sondern Situationen nahe dem „worst case" (schlimmste anzunehmende Entwicklung einer Lage) darzustellen.

Grenzen treten immer dann auf, wenn die Gesundheit der Übungstruppe oder auch die der Soldaten in der darstellenden Funktion (Soldaten des Ausbildungsverbandes) gefährdet wird. Zum Beispiel: Einsatz des Räum- und Abdrängstocks im Umgang mit einer gewaltbereiten Menschenmenge.

Hier dürfen Schläge natürlich nur angedeutet werden.

Grenzen treten auch dann auf, wenn die gegnerische Waffenwirkung wie Geräusche oder aufspritzender Dreck nicht dargestellt werden kann. Der Einsatz von Leucht- und Darstellungsmunition kann diese Darstellung und Wirkung nur in Teilen erzeugen und die Realität nur begrenzt ersetzen.

Bild 118: Soldaten bei der CRC Ausbildung

Herr Oberstleutnant, im zweiten Teil der Ausbildung sind Ihre Soldaten als Schiedsrichter eingesetzt und unterstützen den Leitenden bei der Durchführung der Einsatzgefechtsübung Teil 2.

Welche wesentlichen Aufgaben haben Ihre Soldaten in der Funktion als Schiedsrichter während der durchgängigen Einsatzgefechtsübung Teil 2?

Hierzu möchte ich einfach ein paar Stichpunkte nennen, um die verschiedensten Aufgaben aufzuzeigen.

- *Begleitung der Befehlsausgaben*
- *Beobachtung der Truppe in allen Situationen*
- *Sicherstellung der Waffenwirkung (AGDUS passiv)*
- *Erarbeitung von multimedialen Besprechungen*
- *Durchführung von Besprechungen*
- *Sicherstellung der sanitätsdienstlichen Realversorgung bei Unfällen (Bindeglied zu den Sanitätern)*
- *Ergänzende Lageschilderungen gemäß der Absicht des Leitenden*

und die Gewährleistung der Funktion des AGDUS-Systems, zum Beispiel bei der Durchführung des Technik-Checks vor der Ausbildung oder der Übung.

Der Technik-Check hat in den letzten Jahren immer mehr an Bedeutung gewonnen. Er dient dazu sicherzustellen, dass alle Übungsteilnehmer mit ihren Waffen oder Fahrzeugen mit der richtigen Bezeichnung im System abgebildet werden.

Einer der Ausbilder von Oberstleutnant Cohrs ist Hauptmann Braun. Er ist 35 Jahre alt und seit November 2009 im GefÜbZH als Ausbilder eingesetzt. Ich fragte ihn, wie ein typischer Tagesablauf während der Einsatzgefechtsübung Teil 1 aussieht. Seine Antwort lautet wie folgt:

Aufbauend auf der Übungsabsprache mit der Übungstruppe plane ich parallel zu aktuell laufenden Übungen die Folgeausbildung. Ich bestelle das benötigte Material für die Ausbildung beim industriellen Betreiber und schreibe Übungsanlagen und Handreichungen. Mit den Offizieren des Auswertedienstes, dem Ausbildungsverband und bei Bedarf mit der Gruppe „Truppenübungsplatz Betrieb“ treffe ich entsprechende Absprachen, um meine Ausbildung sicherzustellen.

Der Zeitansatz dafür variiert je nach Übung, Komplexität und Dauer der Ausbildungsstation in der Einsatzgefechtsübung Teil 1 von einem Tag bis zu 14 Tagen. Nicht selten kommt es dabei vor, dass ich direkt die Verbindung mit den Führern der übenden Truppe aufnehme, um den aktuellen Ausbildungsstand der Soldaten der Übungstruppe und die Feinziele der geplanten Ausbildung abzusprechen.

Die Ausbildungsgruppe in der Einsatzgefechtsübung Teil 1 ist dabei der Zug (bis zu 36 Soldaten) oder die Kompanie (bis zu 120 Soldaten).

Die Ausbildung selbst findet im Zeitraum von 8 bis ca. 18 Uhr an vier bis zu sieben Tagen statt. Dabei wird oft mit einem Grundsatzunterricht sowie einer Parallelausbildung gestartet. Darauf folgt ein ca. einstündiger AGDUS-Technik-Check, sodass sich der Anteil des praktischen Handlungstrainings auf den Kernzeitraum 10:00 bis ca. 16:00 Uhr beschränkt. Unter Berücksichtigung der Systemtechnik wird die Ausbildung an einer der Funkstationen oder im großen Auditorium in der Kaserne besprochen Die Nachbereitung der Station beschränkt sich auf die Meldung:

Ausbildungsziele erreicht/teilweise oder nicht erreicht,

um daraus bestmögliche Folgerungen für die Planung der Einsatzgefechtsübung Teil 2 ziehen zu können.

Herr Hauptmann, in der Einsatzgefechtsübung Teil 2 sind Sie als Schiedsrichter eingesetzt. Worin besteht der wesentliche Unterschied zur Einsatzgefechtsübung Teil 1?

Der Schiedsrichterdienst unterscheidet sich nicht wesentlich von den Aufgaben des Ausbilders in der Einsatzgefechtsübung Teil 1. Die Einsatzgefechtsübung Teil 2 ist auf den gesamten Übungsverband ausgerichtet, sodass zu der Begleitung und Auswertung der Übungstruppe auf Zug- und Kompanieebene noch das Zuarbeiten für den Verband (verstärktes Bataillon) hinzukommt. Dienstzeiten von 6 bis ca. 24 Uhr sind keine Seltenheit, da wir als Schiedsrichter von Übungsbeginn an bis zu den Befehlsausgaben für den Folgetag präsent sein müssen.

Wie gehen Sie mit der Tatsache um, dass die Soldaten, die Sie teilweise ausbilden sollen, vielleicht aufgrund ihrer bereits durchgeführten Einsätze schon vieles durchlebt haben? Können Sie diese Erfahrungen in die Ausbildung einbringen? Falls ja, wie kann man sich das vorstellen?

In der Tat kommt es sehr oft vor, dass man Soldaten in der Ausbildungsgruppe hat, die sowohl intensivere als auch „frischere" Einsatzerfahrungen mitbringen als man selbst hat. Daher hängt der Erfolg der Ausbildung entscheidend von der Einstellung der Übungstruppe ab. Meistens handelt es sich hierbei um Soldaten, die genau wissen, wie wertvoll die Übungszeit mit Volltruppe ist und dass man nie den Status erreicht, alles in jeder Situation zu beherrschen. Wenn jetzt Übungstruppe und Ausbilder im Sinne des Grundsatzes

Kameraden bilden Kameraden aus

über Punkte der Übung im dialogischen Prinzip diskutieren, endet der Tag immer mit einer „Win-win"-Situation. Aus dieser Situation können beide Seiten hervorragende Folgerungen für das weitere eigene Handeln ziehen. Selten ist es der Fall, dass Soldaten mit der Einstellung

Ich weiß das bereits alles, der Tag ist verschenkt

an den Ausbildungsstationen erscheinen. Sollte dies jedoch einmal der Fall sein, gelingt es uns meistens sehr schnell durch angepasste Übungsereignisse aufzuzeigen, dass diese unprofessionelle Einstellung zur Ausbildung streng mit der tatsächlichen Qualität des Ausbildungsstandes korreliert.

Wie man es auch dreht und wendet, gewisse Ausbildungsabschnitte kann man nicht genug üben. Ein guter Soldat weiß um diesen Umstand – will dem Tag einen Sinn geben und genießt es, sich weder um Übungsanlagen, Feindstellung noch um Übungsplatzabsprachen kümmern zu müssen. Er kann sich voll und ganz auf sein Manöverelement und dessen Auftrag konzentrieren nach dem Motto:

Wer aufhört besser zu werden, hört auf, gut zu sein!

Ich möchte das Thema Ausbildung noch einmal nutzen, um Ihnen aus meiner Sicht etwas dazu zu sagen. Ich bin fest davon überzeugt, dass eine gute Ausbildung in erster Linie durch Auftreten und Sicherheit des Ausbilders gewährleistet ist. Seine Art des Umgangs mit Menschen ist dabei entscheidend für den Erfolg der Ausbildung. Das Umdisponieren, auch wenn es einmal nicht in die eigene Planung passt, ist dabei ein unverzichtbarer Aspekt. Ich denke, dass wir grundlegend auch mit der Ausbildungsmethode nach dem dialogischen Prinzip in die richtige Richtung gehen. So kann ich dem Betroffenen die Möglichkeit geben, seine Handlungen oder Befehle aus seiner Sicht noch einmal darzulegen. Mit eigenen Darstellungen des Soldaten ist es dem Ausbilder möglich, unabhängig von dem Ergebnis der Auswertetechnik, besser auf sein jeweiliges Handeln einzugehen.

„Mit unterschiedlichen Gedanken zum gleichen Ziel."

Bild 119: Kampfpanzer Leopard

„Allein geht nichts, zusammen kann man alles erreichen."

Bild 120: Soldaten in Stellung

Im Bereich des **„Leitungsdienstes“,** werden die Übungen nach den Zielvorgaben des zuständigen Truppenführers geplant, vorbereitet und durchgeführt. Mithilfe einer parallel zur Einsatzgefechtsübung Teil 1 laufenden digitalen Führungsübung wird der Stab der Übungstruppe ausgebildet und auf die Einsatzgefechtsübung Teil 2 vorbereitet. Das Personal des Leitungsdienstes gliedert sich in drei Leitungsteams, bestehend aus zwei bis drei Offizieren und Unteroffizieren mit Portepee, die jeweils durch einen Stabsoffizier geführt werden. In diesen Teams werden die Übungen nach den jeweiligen Zielvorgaben geplant und vorbereitet. Während der Übungen sind die Stabsoffiziere und ihre Teams als Leitungsgehilfen des Leiters Ausbildung und Übung eingesetzt.

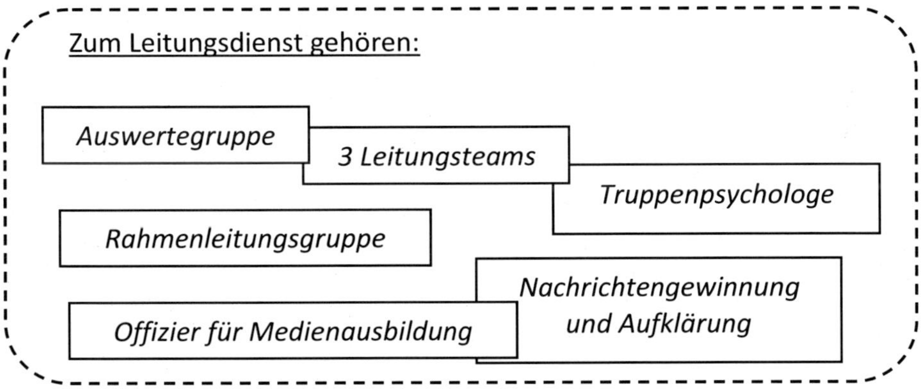

Oberstleutnant Michael Remmel ist seit 1975 Soldat und seit 2010 Leiter des Leitungsdienstes. Er war bereits von 2006 bis 2008 im GefÜbZH als Leiter des Auswertedienstes, dem er heute vorsteht, eingesetzt. Von 1998 bis 2000 war er im Heeresamt an der Aufbauphase des Gefechtsübungszentrums des Heeres beteiligt.

Ich fragte ihn, wie sich sein Personal im Leitungsdienst zusammensetzt:

> *Mein Bereich besteht zum größten Teil aus jungen Offizieren, die als Zeitsoldaten ihren Dienst leisten. Daher sind in der Regel auch keine Erfahrungen als gewesener Kompaniechef vorhanden, auf die sie bei ihren Übungsvorbereitungen zurückgreifen könnten. Mit viel Fleiß und Ehrgeiz erarbeiten sich diese jungen Offiziere ihr Wissen und setzen es Tag für Tag bei der Vorbereitung der Übungen um. Selbstverständlich sind auch erfahrene Stabsoffiziere, Offiziere und Unteroffiziere in meinem Bereich, die für Kontinuität im Leitungsdienst stehen. Insgesamt stehen mir 38 Soldaten zur Seite, um die Aufträge im Leitungsdienst zu erfüllen.*

Herr Oberstleutnant, da Sie schon von Anfang an mit dem GefÜbZH zu tun hatten, können Sie mir vielleicht sagen, wie sich das GefÜbZH aus Ihrer Sicht bis heute verändert hat?

Ich meine sagen zu können, dass die Arbeit eine ganz andere geworden ist, obwohl ich davon überzeugt bin, dass wir das System immer noch nicht im vollen Umfang nutzen. Aufgrund der Auftragslage im Schwerpunkt für die Auslandseinsätze auszubilden und nicht mehr für Operationen verbundener Kräfte ist die Arbeit wesentlich umfangreicher geworden. Früher gab es Standardlagen und Standardübungen, die kaum zu ändern waren, denn die Vorschriften und Grundsätze blieben gleich. Heute ändern sich die Übungen nicht nur kurz vor Beginn, sondern auch während der Übung. Übungen müssen ständig den aktuellen Lagen in den Einsatzländern angepasst und umgestellt werden.

Wie kann man sich die Vorbereitung einer Übung im Leitungsdienst vorstellen?

Etwa sechs Monate vor Übungsbeginn bespricht der Truppenführer mit seinen Führungskräften, den Leitungsorganen des GefÜbZH und dem Leiter Ausbildung/Übung die geplante Übung. Thema und Ziel der Übung werden durch den Truppenführer präzisiert und das GefÜbZH unterbreitet seine Vorschläge, um diese Ziele zu erreichen. Wenn alle Absprachen getroffen sind, bereitet das zugeteilte Leitungsteam den Übungsdurchgang vor.

Über ein Netzwerk stellen wir dem Truppenführer alle Befehle und sonstige Grundlagen zur Verfügung. Mit diesen Informationen kann er die entsprechende Befehlsausgabe an seine Bataillone durchführen.

Ist dies die einzige Besprechung für die gesamte Übung, die Sie mit der Übungstruppe durchführen?

Nein, in einer weiteren Besprechung sechs bis acht Wochen vor Übungsbeginn, in der sogenannten Organisationsbesprechung, werden Fragen zu Abläufen aller Art beantwortet. Dabei hat die Übungstruppe parallel die Möglichkeit eine Erkundung mit den bereits erstellten Unterlagen durchzuführen.

Wie häufig kommt es vor, dass Übungen, die geplant und vorbereitet sind, wieder geändert werden müssen?

Immer dann, wenn sich die Lage in den jeweiligen Einsatzgebieten ändert. Das kann, wie bei der letzten Änderung, 80 % der Übung ausmachen. Bei dieser Änderung wurde die Ausbildung für Einsatzkräfte, die als Ausbildungsschutzbataillon eingesetzt werden sollen, komplett umgestellt. Die Soldaten sollten nun als Kräfte der Partnering and Advisory Task Force (PATF) in den Einsatz gehen.

Dem Leiter ist auch der Auswertedienst unterstellt. Da Sie selbst einmal Leiter des Auswertedienstes waren, können Sie sicher beschreiben, wie sich die Aufgaben und der Arbeitsumfang dieses Bereiches entwickelt haben.

Die Aufgaben der Auswerter sind deutlich komplexer und vielschichtiger geworden. Immer mehr Daten sollen und müssen beachtet werden und in die Auswertung eingehen. Wenn früher die Vorschriften eine wesentliche Stütze waren, muss ich leider gestehen, dass dies heute in vielen Bereichen nicht mehr so ist. Wir sind auf Erfahrungen, die unsere Führer im Einsatz gemacht haben, angewiesen und nutzen diese als Grundlage für die Auswertung der Übungstruppe. Dies bedeutet im Umkehrschluss, dass unsere Soldaten aktuelle Einsatzerfahrungen haben müssen.

Es liegt nahe, dass die Übungstruppe, die nach den Übungsdurchgängen zum größten Teil direkt in ihren Einsatz geht, Besseres zu tun hat als Ihnen eine verbindliche Aussage zum Übungsdurchgang zu geben, sei sie positiv oder negativ. Wie sieht diese Rückmeldung aus und wie gehen Sie damit um?

Nach der Übung erhält der Leiter Ausbildung/Übung eine erste Prognose zum Übungsverlauf vom zuständigen Truppenführer. Diese erste Rückmeldung wird in der folgenden internen Nachbesprechung mit den verantwortlichen Führern des Übungsdurchgangs umgesetzt. Später erhalten wir auf dem Dienstweg einen schriftlichen Erfahrungsbericht der Übungstruppe.

Solche Berichte, egal ob positiv oder negativ, finden immer Beachtung bei unserer Planung und Vorbereitung von Übungen.

Oberstleutnant Remmel, wenn Sie sich etwas für Ihre Soldaten wünschen könnten, was könnte das sein?

Ich wünsche mir, dass die professionelle Leistung und die extreme Belastung über das ganze Jahr hinweg für meine Soldaten in ihrer weiteren Verwendung Anerkennung findet und die entsprechende Förderung angestrebt wird.

Stabsfeldwebel Marco Weis, der seit Anfang 2009 im Leitungsdienst seinen Dienst in einem der Leitungsteams leistet, fragte ich, ob er eine seiner Aufgaben im Team beschreiben kann.

Schon mit Beginn der Übungsplanung stelle ich für die Übungstruppe alle möglichen Übungsunterlagen wie zum Beispiel Befehle, Karten und sonstige Führungsunterlagen zusammen. Diese Unterlagen sollen der Übungstruppe als Hilfe für die Vorbereitung und Durchführung der Übung dienen. Auch die Unterlagen für den Leitenden und die Dienstaufsicht werden nach Vorgabe meines Teamleiters durch mich vorbereitet.

Wenn man wie die Soldaten des Leitungsdienstes mit Masse im Hintergrund arbeitet, hat man dann auch Berührungspunkte mit der Übungstruppe bezüglich der Ausbildung?

Selbstverständlich. Zum Beispiel bilde ich im Rahmen der digitalen Führungsübung die Teilnehmer der Übung bis zum Offizier in taktischen Führungsgrundlagen wie Funkbetriebssprache und Einsatzgrundsätze aus. In der Leitungszentrale weise ich die Leitungsgehilfen der Übungstruppe in den Umgang mit dem System ein.

Nach solchen Gesprächen stelle ich immer wieder fest, wie wichtig es ist, dass in allen Bereichen des GefÜbZH erfahrene Offiziere und Unteroffiziere im Hintergrund stehen und den reibungslosen Ablauf sicherstellen.

Schade, dass nicht immer alle erkennen, welchen wichtigen Beitrag diese Männer und Frauen im Hintergrund leisten, auch wenn es für den einen oder anderen unwichtige und kleine Beiträge sind:

Jeder Beitrag ist wichtig, sei er noch so unscheinbar.

Die Aufgaben eines Unteroffiziers in einem Leitungsteam habe ich bereits erwähnt und möchte nun auf die Aufgaben der Offiziere und Stabsoffiziere dieser Teams eingehen.

Einer dieser verantwortlichen Stabsoffiziere ist Oberstleutnant Michael Engel. Er ist für die Erstellung von Übungsanlagen verantwortlich, die als Grundlage der Übungsdurchgänge dienen. Egal welche Frage ihm im Zusammenhang mit einer Übung gestellt wird, er muss sie beantworten können. Das setzt voraus, dass er über ein umfangreiches Fachwissen und Einsatzerfahrung für diese Funktion verfügen muss.

Herr Oberstleutnant, wo liegen Ihrer Meinung nach die Herausforderungen beim Planen und Anlegen der Übungen?

Das Anstreben der Einsatznähe und die reale Möglichkeit wirkungsvoll und intensiv zu üben. Das heißt, die Lagen im GefÜbZH im Zeitraffer abzubilden gegenüber der tatsächlichen Lage im Einsatzland. Unser Anspruch für die Übungsdurchgänge und die dazugehörigen Szenarien sind intensiver und höher als die derzeitige Bedrohungslage im Einsatzland.

Eine weitere Herausforderung ist das Informationsmanagement von der Ebene der übergeordneten Kommandobehörde. Mit wenigen Vorgaben oder Informationen bereiten wir die Ausbildung vor.

Wie unterscheiden sich die Übungen voneinander?

Da die Übungen nach den Vorgaben der Truppenführer angelegt werden und sie sich an den dazugehörenden Abholpunkten orientieren, sind die Übungen immer unterschiedlich. Normalerweise bilden wir auf Kompanie- bis Verbandebene aus, was aber häufig nicht möglich ist. Aufgrund der Abholpunkte, die bereits in der Vorabsprache festgelegt sind, beginnen wir Übungen schon ab der Zug-Ebene.

Warum sind die Abholpunkte nicht so, dass auf einer höheren Ebene geübt werden kann?

Viele Soldaten, insbesondere Spezialisten, sind bei Übungen gar nicht anwesend. Sie sind entweder auf Lehrgängen oder haben ihren Auftrag bereits im Einsatzland, wo sie schon in Übernahmephasen sind oder übernommen haben und in Verantwortung stehen. Aber auch die materielle Ausstattung über den Materialpool kann ein Grund dafür sein.

Was bleibt am Ende der real durchgeführten Übung von der von Ihnen geplanten Übung übrig?

Ich möchte sagen, etwa 60 bis 70 % der Übung findet planmäßig statt. Das ist aber nicht schlimm, da sich die Übung an den Abholpunkten orientiert und dann entsprechend angepasst werden muss. Die Ausbildungsziele werden mit Masse erreicht, auch wenn manchmal mehr Breite als Tiefe erforderlich ist. Aber auch die Tatsache, dass nicht homogene Verbände zum ersten Mal im GefÜbZH zusammengefasst werden, kann einer von vielen Gründen sein.

Herr Oberstleutnant Engel, nicht selten stehen Einsatzerfahrungen und Vorschriftenlage in einem Widerspruch, wie gehen Sie damit um?

Eine feste Regel für den Umgang mit Einsatzerfahrungen gegenüber den Vorschriften gibt es meines Wissens nicht. Hier wird Eigeninitiative von uns erwartet, wobei ich fest davon überzeugt bin, dass unsere Vorschriften die Grundlage für jedes Handeln im Gefecht abbilden.

Welche Konsequenzen haben Vorfälle im Einsatzland wenn behauptet wird, dass am GefÜbZH so ausgebildet wurde?

Hier wird das GefÜbZH zur Verantwortung gezogen und bei Vorfällen im Einsatzland zur Stellungnahme aufgefordert. In meiner Zeit als Angehöriger des GefÜbZH gab es noch keinen Fall, bei dem Soldaten aufgrund mangelhafter Ausbildung im Einsatz falsch oder unzweckmäßig gehandelt haben.

Die **Rahmenleitungsgruppe** sind Soldaten für alles und jeden. Sie bearbeiten alles, was um die Übung herum getan werden muss, damit die vielen kleinen Zahnräder ineinandergreifen können. Sie geben zum Beispiel die Übungen, Personal, Fahrzeuge, Frequenzen und vieles mehr in das Computersystem ein. Ohne diese fleißigen Soldaten würde dem System jegliche Grundlage für das Abbilden der Ereignisse in der Übung fehlen.

Die Gruppe **Nachrichtengewinnung/Aufklärung** besteht aus einen Hauptmann und einem Feldwebel. Real ist diese Teileinheit einer Arbeitsgliederung zum Opfer gefallen, in der der Aufklärungsoffizier mittlerweile einem Leitungsteam angehört. Auch der vorgesehene Feldwebel ist in ein Leitungsteam eingegliedert worden.

Hauptmann Uhlmann, der diesen Posten eigentlich besetzt, sagte mir, wenn er selbst nicht der Heeresaufklärungstruppe angehören und über einen Erfahrungsschatz seiner Truppengattungen verfügen würde, untermauert von mehrmaliger Einsatzerfahrung, würde wohl niemand wahrnehmen, dass diese Teileinheit existiert. Der Auftrag beinhaltet im Wesentlichen das Sammeln von Informationen und Nachrichten aus den aktuellen Einsätzen und Krisengebieten. Es gilt diese auszuwerten und bedarfsgerecht für die Ausbildung zur Verfügung zu stellen oder in die Ausbildung einfließen zu lassen. Ferner ist der verantwortliche Leitungsstabsoffizier bei der Erstellung der Übungsanlage zu unterstützen. Beispiel: Erstellung der Lage Rot, Erstellung des Aufklärungsplans und des Auftrags für die Aufklärung. Hilfestellung erfolgt ebenso bei der Erstellung von Orts- und Personenprofilen oder der Darstellung von Personenbeziehungen und der Auswirkung im Raum. Nachrichtengewinnung und Aufklärung müssen aktuell und verlässlich sein. Sie bilden die entscheidende Voraussetzung, um die Kräfte im Einsatz vor Überraschungen zu bewahren, das Einsatzrisiko zu minimieren, die eigene Überlebensfähigkeit zu erhöhen und die Wirksamkeit zu verbessern.

Der **Medienoffizier** begleitet die Übung mit dem Auftrag die Soldaten auf das Verhalten im Umgang mit Medien zu trainieren. Leider hat die Erfahrung gezeigt, dass die Presse schneller vor Ort des Geschehens ist als sonstige Kräfte. Daher müssen unsere Soldaten zu ihrem eigenen und zum Schutz der Kameraden darauf vorbereitet werden. Denn meist sind Bilder und Videobeiträge schneller im TV oder Internet, als man sich das wünscht.

Wie Sie sicher noch wissen, hatte ich erwähnt, dass im Leitungsdienst ein ziviler **Truppenpsychologe** eingegliedert ist. Oberregierungsrat Schild ist seit 2006 beim GefÜbZH und kennt daher die internen Schwierigkeiten genau. Aufgrund seiner sechsjährigen Dienstzeit als Zeitsoldat in der integrierten Verwendung im Feldjägerdienst bei der NATO weiß er mit den Soldaten umzugehen.

Ich fragte Herrn Schild, wie man sich seine Arbeit vorstellen kann.

> *Er erklärte mir, dass im Rahmen der Sanitätsausbildung, die in mehreren Modulen durchgeführt wird, ein Thema für die truppenpsychologische Betreuung vorgesehen ist. Im Unterricht wird den Soldaten des GefÜbZH erläutert, was noch normal und wo mögliche Anzeichen für jegliche Arten von Belastungsstörungen liegen können. Neben der uns bekannten Posttraumatischen Belastungsstörung (PTBS) gibt es andere Störungen wie zum Beispiel Depressionen, Angststörungen oder Zwangsstörungen, die nicht unbeachtet bleiben dürfen.*

Auf meine Frage, ob denn mehr junge oder ältere Soldaten mit Problemen zu ihm kommen, antwortete er:

> *Es sind keine merklichen Tendenzen zu erkennen, obwohl mehr junge Soldaten bei mir um Rat fragen. Das liegt aber daran, dass prozentual auch mehr junge Soldaten ihren Dienst im GefÜbZH leisten. Ein wichtiger Kernauftrag ist die Führungsberatung, bei der die Vorgesetzten in die truppenpsychologischen Belange der Soldaten mit einbezogen werden. Sie sind ein wichtiges Bindeglied zu dem Soldaten, um entsprechende Maßnahmen zur Problembeseitigung treffen zu können.*

Den Soldaten des Ausbildungsverbands kommt eine besondere Rolle in der Ausbildung zu. Denn sie werden als Soldaten in darstellender Funktion in allen möglichen Lagen eingesetzt. Sie befinden sich in einer Rolle, die mit ihrem normalen Leben nichts zu tun hat, zum Beispiel als Terrorist, Selbstmordattentäter oder Geiselnehmer. Diese Soldaten werden vom Truppenpsychologen besonders beobachtet und wenn nötig aus ihrer Rolle genommen. Abschließend erwähnte der Truppenpsychologe, dass in einem sogenannten Psychosozialen Netzwerk (PSN) der Truppenarzt, Militärpfarrer, ein Vertreter des Bundeswehrsozialdienstes und der Truppenpsychologe vertreten sind, die sich mehrfach im Jahr treffen, um Einzelfälle zu analysieren und zu besprechen.

Nach diesem Gespräch meine ich sagen zu dürfen, dass ausreichend viel getan wird, um Gefahren in Form von psychischen Störungen bei einzelnen Soldaten frühzeitig zu erkennen und ihnen entgegenzutreten. Den Angehörigen des GefÜbZH, egal ob Soldat oder Zivilist, kann ich nur empfehlen, den Truppenpsychologen zu einer Gesprächsrunde im eigenen Bereich einzuladen, um seine Professionalität frühzeitig in Anspruch zu nehmen.

Dem Leiter des Leitungsdienstes untersteht die **Auswertegruppe,** die die Ereignisse der gesamten Übung mithilfe der Systemtechnik in der Zentrale für die Besprechungen vorbereitet.
Sie besteht aus den Teams für die Bataillonsauswertung, Kompanieauswertung, Auswertung der Kampfunterstützung und dem Medienproduktionsfeldwebel.

Die Auswertegruppe agiert in ihrem Bereich selbstständig und wird wie die anderen Bereiche durch einen Oberstleutnant geführt. Die Teams arbeiten im Herzstück des GefÜbZH der Zentrale und stellen die technische Auswertung mithilfe der Systemtechnik sicher. Sie bestehen aus Fachleuten der Auswertetechnik, die das System beherrschen wie niemand sonst im GefÜbZH.

Die Offiziere und Unteroffiziere der Auswertegruppe arbeiten im engen Verbund mit den Ausbildern des Ausbildungsdienstes zusammen. Hier verbindet man das Gesehene und Gefühlte des Ausbilders im Gelände mit der Auswertetechnik des GefÜbZH. Der Auswerter bereitet die aufgezeichneten Daten in Absprache mit dem Ausbilder vor und stellt sie mit einer nicht anzuzweifelnden Qualität für die Besprechungen bereit.

Stundenlag sitzt der Auswerter an seinem Arbeitsplatz, beobachtet die dargestellte Lage und Übungsverläufe. Er hört den Funk mit, um jederzeit verbindliche Aussagen dem Leitenden der Übung gegenüber machen zu können.

„Willst du wissen, was geschehen ist, frage den Auswerter."

Hauptmann Daniel Rosenzweig ist 33 Jahre alt und seit 1999 Soldat. Seit 2010 ist er beim Auswertedienst als Auswerteoffizier einer Kampftruppenkompanie eingesetzt. Von Juni bis November 2009 war er als Einsatzoffizier und stellvertretender Kompaniechef in Afghanistan eingesetzt.

Herr Hauptmann, wie kann man sich Ihre Arbeit als Auswerter vorstellen?

Mit meinem Auswertefeldwebel und einem Editor (industrieller Mitarbeiter aus dem Unterstützungsbereich) begleite ich am System die Ausbildung einer Kompanie und erstelle entsprechende Beiträge für die anschließende Auswertebesprechung. Diese Beiträge bestehen in der Regel aus zwei Säulen.

Die erste Säule bildet ein Powerpointvortrag, der auf meine Anweisung hin vom zivilen Editor erstellt wird.

Die zweite Säule bilden die Beiträge unseres Auswertesystems. Wir erstellen Funkmitschnitte mehrerer Führungskreise und fertigen unbewegte Momentaufnahmen, auch Schnappschüsse genannt (Bild 121)*, oder Zeitrafferaufnahmen von Gefechtssituationen (Lage-Replays) an.*

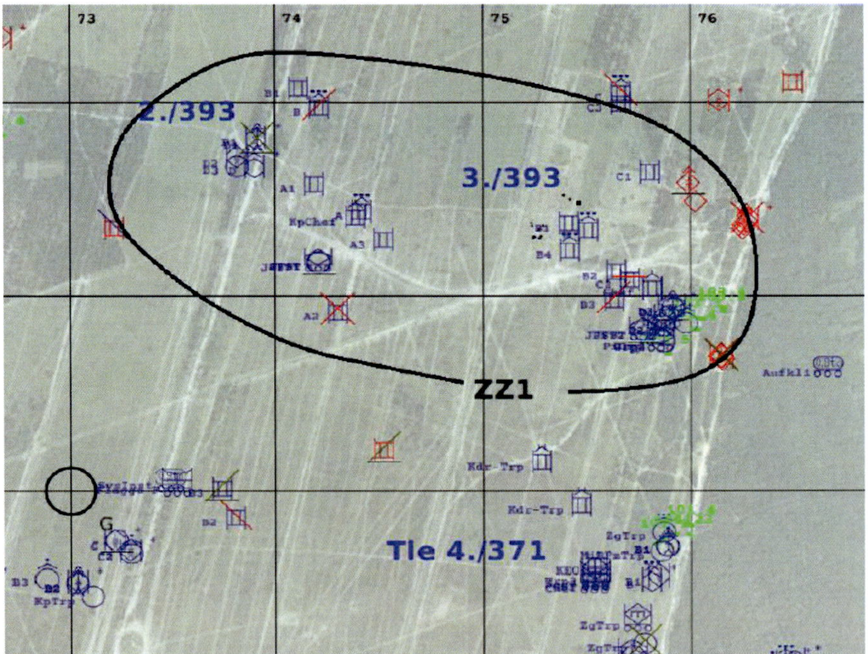

Bild 121: Schnappschuss einer Gefechtssituation

Ich kann mir gut vorstellen, dass man als Soldat, der ständig überwacht wird, ein recht ungutes Gefühl haben muss. Besonders dann, wenn sein Handeln anhand der zusammengefassten Daten, die nicht widerlegbar sind, ausgewertet wird.

Wie nimmt die Übungstruppe die Auswerteergebnisse in den Besprechungen wahr?

Ich denke, dass die Übungstruppe unsere Auswerteergebnisse sehr zu schätzen weiß. Für uns gilt der Grundsatz:

Kameraden bilden Kameraden aus,

sodass die manchmal auch für die Truppe unangenehme Botschaft eigener Fehler kameradschaftlich verpackt und auf Augenhöhe übermittelt wird. Wir sind uns bewusst, dass eine Auswertung als beinahe

"allwissender Betrachter"

immer leichter fällt als das Treffen von Entscheidungen für den verantwortlichen Führer im laufenden Gefecht. Daher beziehen wir auch immer die Perspektive des Ausbilders und Schiedsrichters, der der Truppe im Gelände folgt und somit deren Blickwinkel am besten kennt, gleichwertig mit den Systemerkenntnissen in die Zwischenbesprechung oder Schlussbesprechungen mit ein.

Ich möchte diesen sogenannten Schnappschuss noch einmal aufgreifen und habe dazu einen Auswertefeldwebel gebeten, mir anhand von einigen Beispielen solch einen „Schnappschuss“ zu erklären. Diese Schnappschüsse werden für Zwischenbesprechungen von den Auswertern aufbereitet und bei Bedarf ins Gelände zum Ausbilder gebracht. So kann dieser anhand der Schnappschüsse Situationen belegen und mit der Ausbildungsgruppe entsprechend besprechen.

Stabsfeldwebel Torsten Hasse ist Panzergrenadierfeldwebel und als Auswertefeldwebel seit 2007 im Auswertedienst eingesetzt. Als ehemaliger Panzergrenadierzugführer bringt er die nötige Erfahrung für seine Aufgaben mit. Doch nun zu den Schnappschüssen, die zum Besprechen von Übungsabschnitten genutzt werden.

Stabsfeldwebel Hasse, was ist auf diesem Schnappschuss zu sehen?

Die Übungstruppe, hier mit blauen taktischen Zeichen dargestellt, ist mit einem Panzer in eine Minensperre (grünes Rechteck) gefahren. Das X auf dem taktischen Zeichen des Panzers bedeutet, dass er auf eine Mine gefahren ist. In einem zusätzlichen Feld, das man jederzeit aktivieren kann, kann man erkennen, um welches Fahrzeug es sich handelt. In dem dargestellten Beispiel handelt es sich um einen Kampfpanzer Leopard 2A5. Seine taktische Bezeichnung lautet A2 und er steht bei der dargestellten Koordinate.

Im Feld Status sieht man unter anderem, dass der Panzer einen Totalausfall hat bzw. zerstört ist. Die dazugehörige Ausfallzeit ist ebenfalls angezeigt.

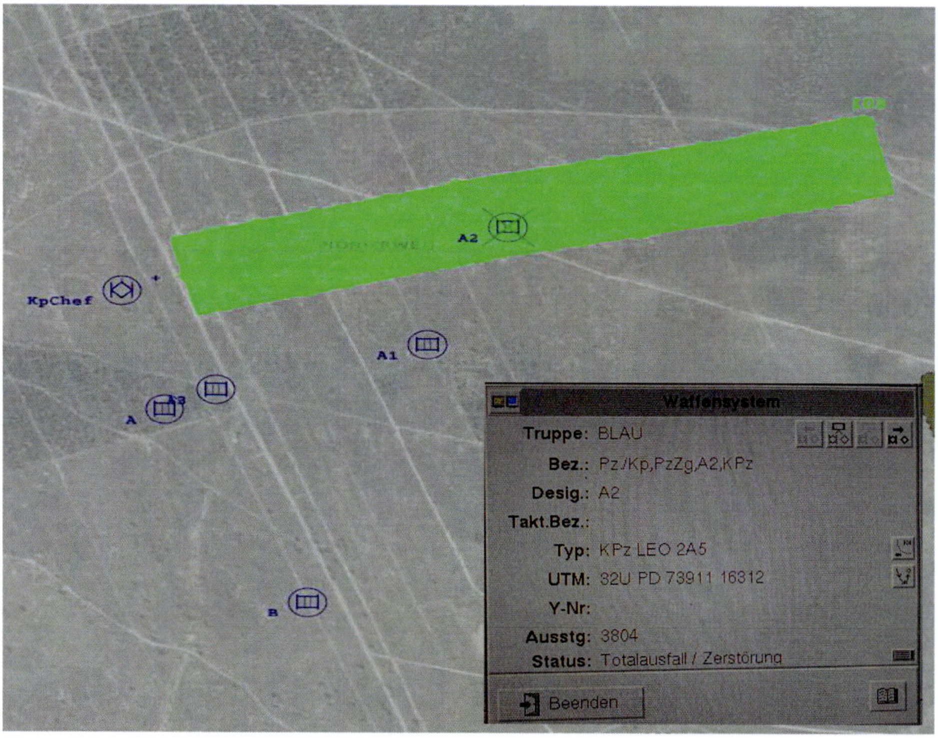

Bild 122: Schnappschuss einer Gefechtssituation

In einem weiteren Feld könnte ich feststellen, welche Soldaten auf dem Fahrzeug sitzen und ob sie durch das Auffahren auf die Mine verletzt wurden. Ich hätte nun die Möglichkeit, den Panzer und die Besatzung von meinem Arbeitsplatz aus zu reaktivieren.

Was können wir auf diesem Schnappschuss sehen?

Links sehen wir mit blauen taktischen Zeichen einen Teil der Übungstruppe mit ihren Fahrzeugen auf einer Straße.

Auf der rechten Seite nahe der Grenzstation erkennt man Artilleriefeuer, in einem blauen Quadrat dargestellt, das den Feind, mit roten taktischen Zeichen dargestellt, vernichten sollte. Der Panzer ist jedoch, bevor das Feuer niederkam, weiter in Richtung Norden gefahren und konnte so dem Feuer der blauen Übungstruppe entgehen.

In der Mitte erkennt man eine Nebelwand, die als gelbes Rechteck dargestellt ist und ebenfalls mit Artillerie verschossen wurde. Darüber steht wie beim Artilleriefeuer die Uhrzeit, zu der das entsprechende Feuer niedergegangen ist.

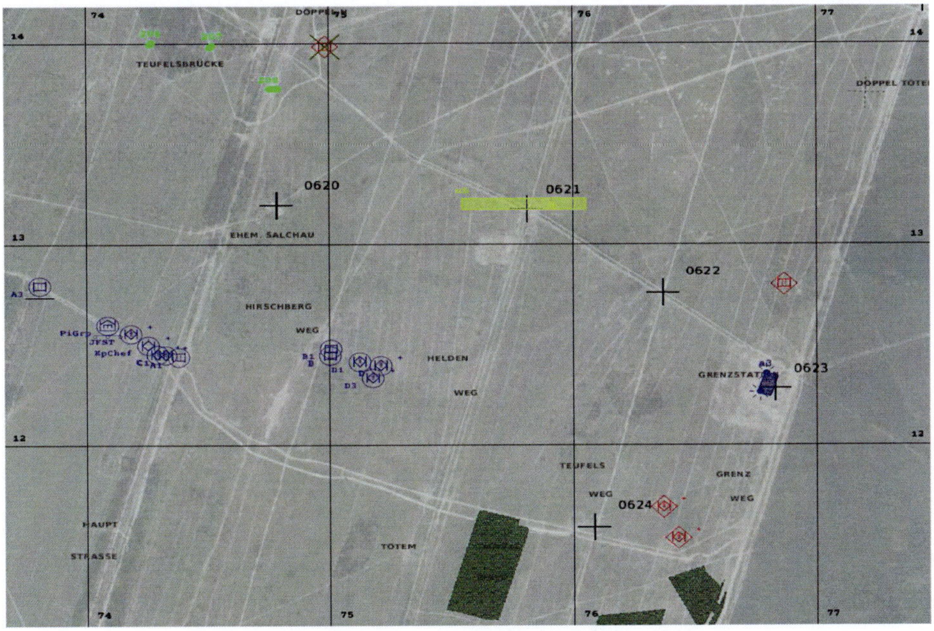

Bild 123: Schnappschuss einer Gefechtssituation

Das Artilleriefeuer und die Nebelwand werden im Gelände real durch spezielle Darstellungstrupps repräsentiert. So wird dem Übungsteilnehmer die Möglichkeit gegeben, diese Ereignisse aufzuklären. Auch die Fahrzeuge der Ausbilder sind in der Lage das Feuer der Artillerie bei Bedarf im Gelände mithilfe von Pyrotechnik darzustellen.

Herr Stabsfeldwebel, vielleicht können Sie uns anhand des nächsten Schnappschusses die dargestellten Detailinformationen beschreiben.

Auf der linken Seite sehen wir drei blau dargestellte Panzer der Übungstruppe, davon ist einer mit einem einfachen roten Strich durchgestrichen. Das sagt mir zum einen, wo sich diese Panzer auf dem Truppenübungsplatz befinden und dass einer davon bewegungsunfähig ist.

Neben jedem Panzer wird angezeigt, um welchen Panzer es sich handelt (KpChef, C und C1). Auf einem zusätzlichen Feld, das ich bei Bedarf einblenden kann, können dann mehrere Details abgelesen werden. Beispielsweise ist erkenntlich, wer auf dem Fahrzeug sitzt, wer das Fahrzeug beschossen hat und ob die Besatzung ausgefallen oder noch einsatzbereit ist.

Auf der rechten Seite sehen wir den Feind in Rot dargestellt, von dem aus eine rote gestrichelte Linie, die man Feuerlinie nennt, zu dem blauen Panzer C1 geht. Dieses Ereignis zeigt mir, von wem, wo und wann der blaue Panzer C1 beschossen wurde.

Über der roten Feuerlinie steht, mit welcher Waffe bzw. Munitionsart geschossen wurde. Auch hier kann ich anhand eines Informationsfeldes sehen, welches Fahrzeug geschossen hat.

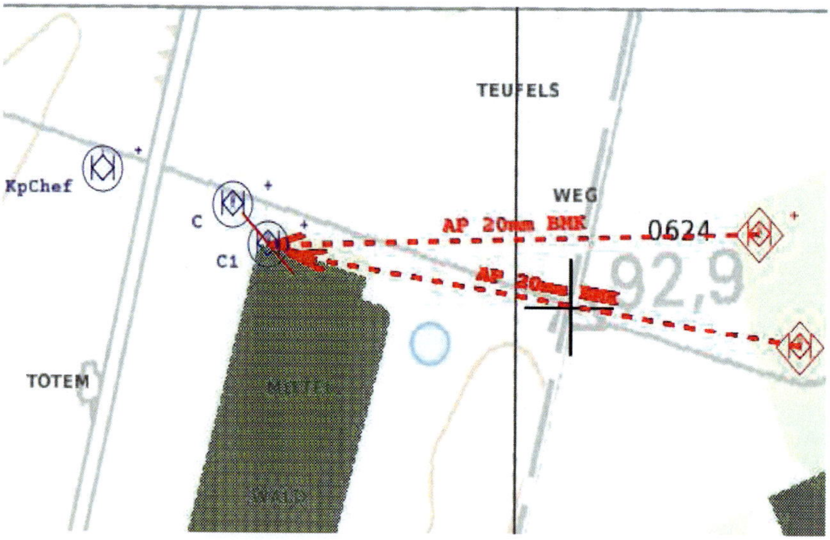

Bild 124: Schnappschuss einer Gefechtssituation

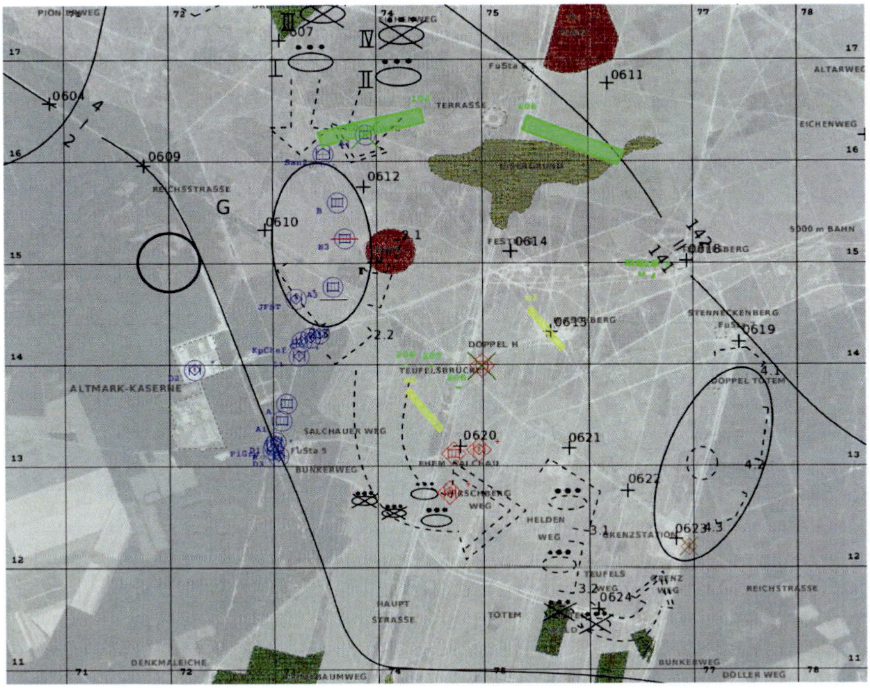

Bild 125: Schnappschuss einer Gefechtssituation

In diesem Schnappschuss sehen wir mehrere Informationen, die in dem Informationsfeld dargestellt werden. Hier sind Sperren in Grün, Feindkräfte in Rot und Übungstruppen in Blau mit ihren taktischen Zeichen vom Panzer bis hin zum einzelnen Soldaten sowie Nebelwände in Gelb dargestellt. Als Hintergrund habe ich hier den Operationsplan des Führers der Blauen Truppe eingeblendet, der mir seine geplante Absicht zeigt.

Der Operationsplan ist hier in Schwarz dargestellt und bildet in diesem Beispiel einen Angriffsplan der Blauen Kräfte ab. Auf die Bedeutung der einzelnen Zeichen möchte ich jedoch nicht im Detail eingehen.

Ich glaube, dass diese Beispiele deutlich machen, dass wir tatsächlich ein gläsernes Gefechtsfeld haben. Wir sind in der Lage, alle Situationen nachzuvollziehen. Und was wir dabei nicht vergessen dürfen: Wir sehen nicht nur alles, sondern wir zeichnen jedes Funkgespräch auf, das wir den Situationen zuordnen können.

Doch damit hört die Möglichkeit der lückenlosen Überwachung nicht auf. Mit mehreren Videotrupps sind Kamerateams Tag und Nacht an sogenannten Hotspots eingesetzt, um Livebilder direkt in die Zentrale zu übertragen. Fünf verschiedene Aufnahmen können gleichzeitig in die Zentrale gesendet werden und stehen dem Auswerter zur Untermauerung der Auswertung am linken Bildschirm seines Arbeitsplatzes zur Verfügung.

In der Zentrale kann eine Videosequenz direkt an die Leinwand geworfen werden *(Bild 126)*, um eventuell im großen Besprechungskreis die dargestellte Situation besser besprechen zu können.

Bild 126: Großleinwand in der Auswertezentrale

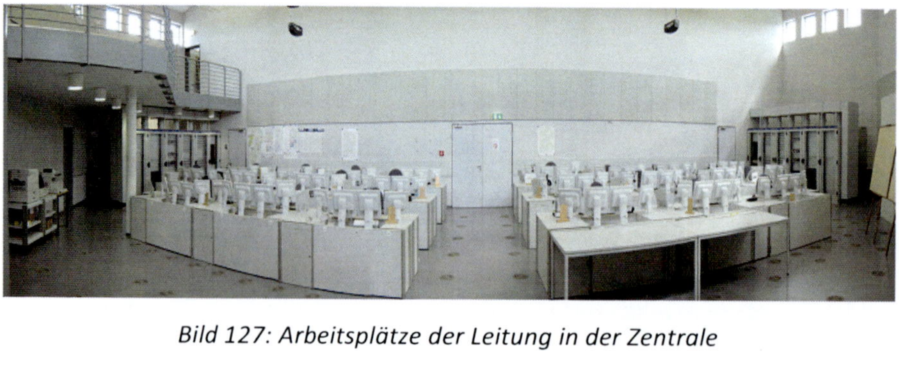

Bild 127: Arbeitsplätze der Leitung in der Zentrale

Zuletzt möchte ich Ihnen noch den Leiter der Auswertegruppe vorstellen. Oberstleutnant Torsten Schulz führt diese Gruppe bereits seit 2008 und ist für die Zusammenfassung aller Auswerteergebnisse und für die Vorbereitung der Schlussbesprechung der gesamten Übung verantwortlich.

Herr Oberstleutnant, welche Voraussetzungen muss ein Auswerter bzw. der Leiter des Auswertedienstes aufweisen, um Zusammenhänge im digitalen Bild zu erkennen und richtig auszuwerten?

Der Auswerter sollte die Ebene und die Funktion, die er auswertet, selbst durchlaufen haben. Das bedeutet für den Leiter des Auswertedienstes, dass er auf der Ebene Bataillon mindestens als stellvertretender Bataillonskommandeur eingesetzt gewesen sein muss. Darüber hinaus sollte er über gute theoretische Kenntnisse und praktische Fertigkeiten in der Taktik bezogen auf alle Einsatzarten verfügen. Um eine Auswertung für den Leitenden der Übung methodisch und didaktisch aufzubereiten, ist eine vorangegangene Lehrverwendung (Taktik- und Logistiklehrer an der Truppenschule oder der Offiziersschule des Heeres) zweckmäßig.

Wie kann man sich das Zusammenfassen der Auswerteergebnisse, die im Laufe der Übung durch Ihre Offiziere und Unteroffiziere zusammengestellt wurden, vorstellen? Wovon machen Sie die Auswahl von Ergebnissen, die in der Schlussbesprechung angesprochen werden sollen, abhängig?

Die Übung wird von der ersten bis zur letzten Minute aufgezeichnet. Damit ist eine Vielzahl von übungsrelevanten Ereignissen verfügbar, die parallel zum Übungsgeschehen aufbereitet werden. Dazu müssen die Auswerteteams des Bataillons und der Kompanien mit klaren Aufträgen und Vorgaben geführt werden. Diese Aufträge und Vorgaben fassen wir unter dem Begriff „Auswertekriterien“ zusammen. Ich möchte das an einem Beispiel (Operation verbundener Kräfte) verdeutlichen. Ein Kampftruppenbataillon wird, um seine Aufträge erfüllen zu können, durch andere Truppen verstärkt und unterstützt. Um im Verlaufe und am Ende einer Übung jedem Übungsteilnehmer seinen Anteil am Erfolg oder Misserfolg des Gefechts verdeutlichen zu können, müssen die „kleinen und großen Dinge“ ausgewertet werden.

Das beginnt mit der Befehlsausgabe durch den Bataillonskommandeur und seinen Stab bis hin zur Umsetzung durch die Kompanien. Dies schließt selbstverständlich die Kampf- und Einsatzunterstützung (z. B. Artillerie, Pioniere, Logistiker oder Feldjäger) mit ein. Die ausgewerteten Ereignisse werden durch das jeweilige Team als sogenanntes Skript (Datei) abgelegt. In diesem Skript befinden sich chronologisch aufbereitete Lage-Replays, Schnappschüsse, Funksprüche und Videoaufzeichnungen.

Für den Leitenden der Übung ist damit die Grundlage für eine fundierte Auswertung geschaffen. Er sichtet in Zusammenarbeit mit dem Ausbildungsdienst und dem Auswertedienst die Skripte und entscheidet in einer Besprechung über Umfang, Inhalt und Reihenfolge der Auswertung.

Glauben Sie, dass die Ergebnisse der Auswertung, insbesondere wenn sie negativ sind, bei der Übungstruppe als Hilfe ankommen?

Ich bin aus eigener Erfahrung davon überzeugt, dass die Übungstruppe dankbar ist, wenn sie kritisch auf Augenhöhe ausgewertet wird. Darüber hinaus erhält sie Hinweise und Vorschläge, wie sie in bestimmten Situationen zweckmäßiger hätte handeln können.

Diese Hilfe kommt an.

Herr Oberstleutnant, was glauben Sie, wie weit wird die Möglichkeit der heutigen Auswertung genutzt und wird sie Ihrer Meinung nach noch erweitert werden?

Die technischen Möglichkeiten gewährleisten ein gläsernes Gefechtsfeld. Der Truppenführer legt nach Ausbildungsstand seines Verbandes und Truppenteils die Schwerpunkte fest. Damit legt er in der Konsequenz fest, welche Ebene in welcher Intensität begleitet und ausgewertet wird.

Möglich ist alles.

Ausbildungsverband

Der **Ausbildungsverband** stellt den Hauptteil der Soldaten im GefÜbZH dar. Er wird von einem Oberstleutnant geführt, dem unter anderem eine kleine Stabsgruppe mit den Führungsgrundgebieten militärische Sicherheit, Ausbildungsplanung und Materialmanagement untersteht. Des Weiteren unterstehen ihm vier Kampfkompanien, die nicht nur den militärischen Feind, sondern auch die zivile „Übungsbevölkerung" für die Ausbildung und Übungsdurchgänge stellen. Man nennt diese Soldaten

„Soldat in darstellender Funktion."

Sie leisten ihren Auftrag in den verschiedensten Rollen. Zum einen als professioneller militärischer Gegner, zum anderen als Darsteller in den benötigten Funktionen, zum Beispiel als Zivilbevölkerung, Bürgermeister, Polizei der jeweiligen Ethnien, als Taliban, Selbstmordattentäter oder als Soldat der Afghanischen Nationalarmee (ANA).

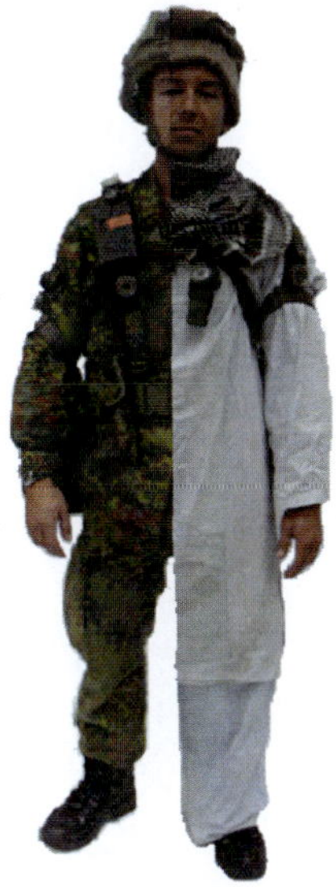

Bild 128: Bilddarstellung eines Soldaten in unterschiedlichen Funktionen

„Ein Soldat für alle Fälle."

Bild 129: Ausbildung mit verschiedenen Soldaten in darstellender Funktion

Im Folgenden möchte ich mit Ihnen hinter die Kulissen einer der vier Kampfkompanien sehen. Dazu suchte ich eine der Kompanien auf und habe mich mit einem Kompaniefeldwebel über die inneren Abläufe unterhalten. Der Kompaniefeldwebel ist bereits seit vielen Jahren im GefÜbZH. Zunächst war er als Gruppenführer, dann als Zugführer tätig. Heute ist er als Kompaniefeldwebel im Ausbildungsverband eingesetzt. Als ich ihn fragte, welche wesentlichen Aufgaben ein Kompaniefeldwebel im Ausbildungsverband hat, erklärte er, dass sich seine Aufgaben in drei Bereiche gliedern.

Dies sind die Bereiche Personalbearbeitung, Versorgung und die Aufgaben als Führer des Unteroffizierkorps. Im Bereich Personal geht es im Kern um die Lehrgangsplanung der Zeit- und Berufssoldaten, die er in Zusammenarbeit mit dem Kompanietruppführer plant und über die Führungsgruppe des Ausbildungsverbandes anfordert. Auch werden die Personalakten vom Gefreiten bis zum Oberfeldwebel bei ihm geführt. Der Bereich der Versorgung stellt eine ganz besondere Herausforderung für einen Kompaniefeldwebel dar. In der Einsatzübung I ist das Verpflegen der Soldaten noch relativ überschaubar, da es meist Stationsausbildung auf Kompanieebene ist und die Ausbildungsplätze klar definiert sind.
Die Soldaten der Kompanie sind auf dem gesamten TrÜbPl Altmark verteilt. Nicht selten dauert die Verpflegung bis zu zwei Stunden. Während der Einsatzübung II werden die Soldaten mit Lunchpaketen versorgt, die bereits am Vortag durch Soldaten in der Küche vorbereitet wurden. Lediglich die Brötchen werden dann am frühen Morgen noch eingetütet, bevor die Pakete im Gelände verteilt werden.

Die Abendverpflegung wird als Warmverpflegung entweder im Gelände oder in der Truppenküche bereitgestellt.
Sollte die Truppenküche bereits geschlossen haben, wird die Warmverpflegung im Kompanieblock zur Verfügung gestellt.

Bild 130: Soldaten beim Verpflegen

Ziel der Führung durch das Unteroffizierkorps war und ist es stets gewesen den inneren Zusammenhalt und das berufliche Selbstverständnis der jungen, aber auch älteren Soldaten zu wecken, zu erhalten und zu fördern. Dies ist heute nicht mehr so einfach, da aufgrund verschiedener Weisungen eine Teilnahmepflicht an bestimmten Veranstaltungen nicht mehr besteht. Es kommt nicht selten vor, dass nur schätzungsweise 50 % der Soldaten an solchen Veranstaltungen teilnehmen.

Der Kompaniefeldwebel kann damit gut umgehen, da er weiß, dass aufgrund der hohen Dienstbelastung jeder Soldat seine Freizeit gerne mit seiner Familie verbringen möchte.

Auf meine Frage, welche Herausforderungen es als Kompaniefeldwebel zu bewältigen gilt und über welche Probleme man sich unterhält, antwortete er:

> *Es ist zum einen die extrem hohe Dienstbelastung, die immer wieder ein Thema ist, das besprochen und in jedem Einzelfall betrachtet werden muss. Nur so kann einer zu hohen Belastung der Soldaten und deren Familien entgegengetreten werden. Die Soldaten, die nur am Wochenende zu ihren Familien fahren können, gehen selbstverständlich ganz anders mit längeren Dienstzeiten um als die Soldaten, die täglich nach Hause fahren könnten.*
> *Eine weitere Herausforderung ist die Tatsache, dass wir Dienstleister sind und zum größten Teil keine Handlungsfreiheiten in den Übungen haben. Jeder der Unteroffiziere, der als Führer eingesetzt ist, möchte in der Übung Erfolge haben, um sein Können unter Beweis zu stellen.*
>
> *Dies ist als Soldat in darstellender Funktion nicht möglich, da unser Handeln vorgeplant ist, um bestimmte Absichten bei der Übungstruppe zu erreichen. Hier ist es immer wieder erforderlich Verständnis für unsere Aufgabe im Ausbildungsverband zu wecken.*

„Wer schießt, will auch treffen."

Ich kann mir gut vorstellen, wie es sein muss, auf Befehl auszufallen, egal wie gut man sich verhalten hat. Seinen Soldaten bereits nach kurzer Zeit zu sagen, dass wir ausweichen müssen, auch wenn die Stellungen nicht aufgeklärt wurden. Aber leider geht es nicht darum, den Ausbildungsverband zu beüben und Erfolge im Gefecht zu liefern, auch wenn man das gerne tun würde.

Der Schwerpunkt liegt bei der Übungstruppe und ganz besonders bei deren Führern ab Kompanieebene bis hin zum Verbandsführer. So muss auch die Übung ablaufen und angelegt sein, damit deren Schwerpunkte im Mittelpunkt stehen können und nicht Erfolge einzelner Züge, sei es die Übungstruppe oder der Ausbildungsverband.

Der Kompaniefeldwebel hatte bei seinen Erfahrungen mit den freiwilligen Wehrdienstleistenden das Glück, dass mehr als 30 Wehrpflichtige, die bereits dort waren, ihren Wehrdienst verlängert hatten. Daher waren diese Soldaten bereits bekannt und durch die Kompanie geprägt worden.
Bei den Soldaten, die teilweise direkt von den Arbeitsagenturen bzw. freiwilligen Annahmestellen kommen, hat man oft das Gefühl, dass man sich lediglich finanziell absichern möchte. Der Soldat hat eine Probezeit von sechs Monaten. In dieser Zeit haben wir die Möglichkeit den Soldaten zu beobachten und seine Leistungen einzuschätzen. In einem Einführungsgespräch wird dem Soldaten gesagt, was wir von ihm erwarten, sei es in fachlicher oder auch in sportlicher Hinsicht. Einen Monat später findet ein weiteres Gespräch statt, in dem wir ihm ohne vorgehaltene Hand sagen, was wir von seinen Leistungen halten und was wir in Zukunft noch erwarten. 14 Tage vor Ablauf der Probezeit eröffnen wir dem Soldaten, ob er übernommen oder entlassen wird.

Wie beurteilen Sie als Kompaniefeldwebel die Motivation der Soldaten in Ihrer Kompanie?

Immer wieder bin ich Positiv überrascht, wie gut der Zusammenhalt und die Bereitschaft zum Dienen der Soldaten ist und dafür lohnt es sich Energie und Arbeit zu investieren.

Bild 131: Soldaten bei der Pause

Ein Gefreiter hat ein Anfangsgehalt von ca. 1.400 Euro netto pro Monat. Dieses Gehalt steigt mit Alter und Dienstgrad im Laufe seiner Dienstzeit an.

Sanitätsstaffel Gardelegen

Die **Sanitätsstaffel Gardelegen** gehört zum Sanitätszentrum Burg und ist ausschließlich für die reale medizinische Versorgung zuständig. Mit ihren Soldaten und Zivilangestellten ist sie für die medizinische und zahnmedizinische Versorgung aller Soldaten des GefÜbZH und der Übungsteilnehmer verantwortlich. Dazu werden in unserer Einrichtung Truppenärzte und ein Zahnarzt bereitgehalten. Besonderes Augenmerk gilt der notfallmedizinischen Versorgung, zu deren Zweck Rettungsfahrzeuge zur Verfügung stehen.

Während der Übungsdurchgänge werden im 24-Stunden-Betrieb Sanitätstrupps auf dem Truppenübungsplatz und bewegliche Ärzteteams im Bereich der Sanitätsstaffel bereitgestellt.

Mit der infrastrukturellen, personellen und materiellen Ausstattung ist die Sanitätsstaffel Gardelegen in der Lage eine qualifizierte rettungsmedizinische Erstversorgung durchzuführen.

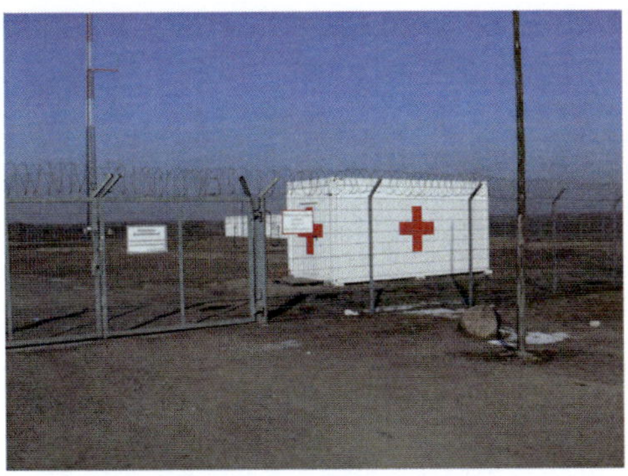

Bild 132: Aufenthaltsort eines Sanitätstrupps auf dem TrÜbPl Altmark

Bild 133: Eingang der Sanitätsstaffel in der Kaserne

Dies waren die letzten Soldaten des militärischen Bereiches der ersten Säule „Personal“, die ich Ihnen vorstellen wollte.

Der zweite Bereich der Säule „Personal“ ist, wie Sie sich sicherlich noch erinnern können, der zivile und industrielle Bereich, auch Unterstützungsbereich genannt.

Der Unterstützungsbereich

Über 450 zivile und industrielle Mitarbeiter übernehmen die Aufgaben, die nicht unbedingt zu den Kernaufgaben eines Soldaten gehören. Dieser Bereich wird Unterstützungsbereich genannt. Er setzt sich zusammen aus industriellen Betreibern, dem Servicecenter Altmark, dem Dienstleistungszentrums der Bundeswehr, der zivilen Truppenübungsplatzfeuerwehr und einer gewerblichen Wache.

Seit September 2008 ist die Rheinmetall Dienstleistungszentrum Altmark GmbH (RDA) mit der Implementierung der technischen und logistischen Infrastruktur und seiner Betreuung beauftragt. Die RDA gehört zum Geschäftsbereich Simulation und Ausbildung der Rheinmetall Defence Electronics GmbH. Ihr obliegen das Gesamtmanagement dieses Unterstützungsbereichs sowie die technischen und logistischen Arbeitsbereiche. Diese arbeiten mit dem Objektmanagement Altmark, Teil des Bundeswehr-Dienstleistungszentrum BURG, einer Berufsfeuerwehr und einer zivilen Wache in deren Verantwortungsbereichen auf dem gesamten TrÜbPl Altmark eng zusammen.

Ziel der RDA GmbH:

Die professionelle Ausbildung im Gefechtsübungszentrum Heer als industrieller Betreiber und interner Dienstleister zu unterstützen und wirtschaftlich mit hoher Qualität und Kundenzufriedenheit zu betreiben.

Bild 134: Signet der Rheinmetall Dienstleistungszentrum Altmark

Mit bis zu 270 Mitarbeitern in den letzten Jahren wird der Betrieb vor Ort im Auftrag des Bundesamtes für Ausrüstung, Informationstechnik und Nutzung der Bundeswehr (BAAINBw) ganzjährig in sieben Tätigkeitsbereichen und Arbeitspaketen unterstützt.
Zum Zeichen der inneren Verbundenheit tragen die Mitarbeiter der RDA eine einheitliche Arbeitskleidung mit dem Signet der RDA.

Die angesprochenen Tätigkeitsbereiche und Arbeitspakete beinhalten folgende Bereiche:

- Gesamtmanagement und IT-Unterstützung,
- Systemtechnik Gefechtsfeld,
- Systemtechnik Zentrale,
- Ausbildungsunterstützung,
- Mobilitäts-/Materialservice und
- Materialbewirtschaftung,

die jeweils durch einen Abteilungsleiter geführt werden.

Ich habe mich in den Bereichen umgesehen und den Abteilungsleitern sowie deren Mitarbeitern einige Fragen gestellt. Meine Eindrücke und die Antworten möchte ich Ihnen gerne schildern.

Die Büros der verschiedenen Abteilungen sind auf mehrere Gebäude innerhalb des Kasernengeländes so verteilt, dass die nötigen Wege kurz gehalten werden können. So sitzt zum Beispiel der Geschäftsführer mit seinen Unterstützungskräften im Stab in der Nähe des Leiters GefÜbZH.

Die Büros der Abteilungsleiter Systemtechnik Gefechtsfeld, Mobilitäts-/Materialservice und der Materialbewirtschaftung befinden sich im technischen Bereich. Die Bereiche Gesamtmanagement mit seinem Lagezentrum, Systemtechnik Zentrale, und die Ausbildungsunterstützung sind im Bereich des Leitungs-/Auswertedienst untergebracht.

Das **Gesamtmanagement** nimmt alle Anforderungen zur Vorbereitung, Durchführung und Nachbereitung von Übungen für den Unterstützungsbereich entgegen und setzt sie entsprechend in einem Lagezentrum um. Herr Schrader, der Abteilungsleiter des Gesamtmanagements, ist seit 2004 beim GefÜbZH und der fachliche Vertreter des Geschäftsführers. Wie bereits erwähnt, kommen hier alle Bedarfsforderungen des GefÜbZH an, werden bearbeitet und in die entsprechenden Abteilungen zur Umsetzung weitergeleitet.

Herr Schrader, wie ist Ihr Bereich gegliedert und wie kann man sich die Arbeitsweise vorstellen?

> *Der Bereich besteht aus vier Arbeitsbereichen. Diese sind zum einen der Bereich Lagezentrum, das IT-Management, die Gruppe Führungsinformationssystem (FüInfoSys) und unsere Programmierer. In diesen Bereichen wird das Bearbeiten aller Querschnittsaufgaben sichergestellt.*
> Der militärische Bedarfsträger bestellt bei uns die erforderlichen Leistungen *für die Durchführung der Übungsdurchgänge. Diese Übungsbestellung kommt in der Regel vom Leiter des GefÜbZH. Durch Leistungsabrufe der einzelnen militärischen Abteilungen werden auf Grundlage der Bestellung des Leiters GefÜbZH konkrete Leistungen abgerufen. Zu diesen Leistungsabrufen kommt dann noch der sogenannte Grundbetrieb hinzu. Dahinter verbergen sich Routinetätigkeiten wie zum Beispiel Fahrten zum Schießen, Schwimmen oder zum Arzt bzw. in Krankenhäuser.*
>
> *Das Lagezentrum ist hierbei die Schnittstelle zum Soldaten und zu den zivilen Angestellten der Bundeswehr. Als ein Teil der Übungskoordination nehmen die Mitarbeiter des Lagezentrums an Organisationseinweisungen, übungsvorbereitenden Gesprächen und Nachbesprechungen teil.*
> *Hier werden nach dem Eingang eines Leistungsabrufes zunächst die Anforderungsberechtigung und die vertragliche Grundlage geprüft. In jeder militärischen Abteilung gibt es Soldaten, die schriftlich ermächtigt wurden Anforderungen im vertraglichen Rahmen zur Durchführung ihres Auftrages an uns zu stellen. Wenn die Voraussetzungen geprüft wurden und die entsprechende Ressource verfügbar ist, werden die Anforderungen in die Fachabteilungen weitergeleitet. Sollte es der Fall sein, dass die geforderte Ressource nicht verfügbar ist, werden in Zusammenarbeit mit den Fachabteilungen Alternativen angeboten.*

Herr Schrader, wovon hängt die Verfügbarkeit der Ressourcen ab, die Sie haben, und damit auch die Erfüllung der Leistungsanforderung?

Dies ist in einem Vertragswerk festgehalten. Wir haben von der Bundeswehr das gesamte Material für das GefÜbZH übernommen, verwalten es und setzen es wenn nötig instand. Dieses Material stellen wir rund um die Uhr bereit und somit ist auch der Materialumfang definiert. Das Personal richtet sich zum größten Teil nach dem Material, das durch Personal bedient werden muss, zum Beispiel die Fahrzeuge.

Wie sieht es dabei mit der Kundenzufriedenheit aus? Und wie reagieren die Soldaten darauf, wenn Sie nicht das bereitstellen, was man gerne zur Durchführung des Auftrages haben möchte?

Ich glaube, dass der größte Teil der Soldaten zufrieden ist mit dem, was wir leisten und zur Verfügung stellen. Aber wir kommen immer dann an unsere Grenzen, wenn der Vertrag die gewünschten Leistungen nicht abdeckt. Wenn dies der Fall ist, bemühen wir uns immer wieder mit Erklärungen und Hintergrundwissen die Situation verständlich zu machen. Die meisten verstehen dann unsere Lage und haben Verständnis dafür.

Worin sehen Sie Ihre größte Herausforderung bei der Umsetzung der Anforderungen?

Anforderungen, die kurzfristig bei uns eingehen und Personal binden, sind immer eine Herausforderung, die es zu meistern gilt. Ebenso ist die Ressourcenverwaltung ein Kraftakt, der nicht unterschätzt werden darf.

Ein flexibles Umdisponieren, um Bedarfsforderungen zu erfüllen, die Vorrang haben müssen, heißt, immer wieder andere Forderungen zurückzustellen, auch dann, wenn sie schon längere Zeit geplant sind.

Herr Schrader, am GefÜbZH gibt es die Rufnummer 1188, was hat es mit dieser Nummer auf sich?

Hier wird Ihnen geholfen! Hinter dieser Nummer verbirgt sich der Bereich Gesamt-IT-Management mit seinen drei Mitarbeitern. Diese Spezialisten unterstützen die Soldaten bezüglich ihrer IT-Ausstattung, beheben Computerprobleme und stehen damit immer im Kontakt mit den Soldaten.

Die Störungsbehebung in einer Ausbildungseinrichtung wie dem GefÜbZH kann nicht warten und in unterschiedliche Stufen eingeteilt werden. Jede Störung muss sofort behoben werden, um den Ablauf der Übung nicht zu gefährden.

Sie sprachen zu Anfang vom Bereich FülnfoSys und Softwareprogrammierern. Welche Aufgaben verbergen sich dahinter?

Im Bereich FülnfoSys sitzen Mitarbeiter, die für das Herstellen der Verbindung des FülnfoSys GefÜbZH mit der Übungstruppe verantwortlich sind. Aufgrund der unterschiedlichen Ausbildungsstände der Soldaten, die als Bediener dieses System eingesetzt sind, unterstützen wir auch den Nutzer bei der Bedienung des Systems. Die beiden Softwareprogrammierer sind für das interne Betriebssteuerungssystem verantwortlich und entwickeln unsere Software bedarfsorientiert fort.

Herr Schrader, wie sieht die Zusammenarbeit mit den zivilen Beschäftigten des Bundeswehrdienstleistungszentrum aus?

Forderungen, die die Übungen betreffen, können über uns gesteuert werden. Zum Beispiel die Platzpflege, Betrieb der Waschanlage bis hin zum Vorbereiten von Ausbildungsplätzen auf dem Truppenübungsplatz. Diese Maßnahmen sollen immer durch uns gesteuert werden, damit sie so durchgeführt werden können, dass die Übungsabläufe nicht gestört werden.

Im Arbeitspaket **Systemtechnik Gefechtsfeld** werden der Betrieb und die Betreuung der mobilen Systemtechnik und der Ausbildungsgeräte Duellsimulation (AGDUS) sichergestellt. Ich hatte bereits zuvor angesprochen, dass die Übungstruppe mit ihren eigenen Waffen und Fahrzeugen übt. Damit die technische Auswertung stattfinden kann, muss die AGDUS-Technik mit dem Gerät der Truppe verbunden werden.

„Verheiratung des Gerätes der Truppe mit dem System."

Diese Kopplung mit der Technik ist eine wesentliche Aufgabe des Bereichs. Aber auch die Instandsetzung der Systemtechnik und des Geräts wird sichergestellt. Herr Peine hat als Systemingenieur im Januar 1998 beim GefÜbZH begonnen. Ab 2000 war er Abteilungsleiter für den Bereich Gefechtsfeld inklusive der Kommunikationszentrale und deren Funkstationen. Heute steht er als Abteilungsleiter dem Bereich Systemtechnik Gefechtsfeld vor. Ihn unterstützen viele hochqualifizierte Mitarbeiter, die ein sehr umfassendes Wissen in der Elektronik-IT besitzen. Er ist für die Gesamtprozesse in seiner Abteilung verantwortlich und sorgt so für eine hohe Einsatzbereitschaft der AGDUS-Technik.

Herr Peine, mit welchen Aufgaben hat es Ihr Bereich im Rahmen des Unterstützungsbereichs zu tun?

In den einzelnen Arbeitsbereichen wie Ein- und Ausrüsten, Mobile Instandsetzung, Befundung und Kabelinstandsetzung wird in unserem Bereich Gefechtsfeld ein hohes Maß an Flexibilität durch die übergreifenden Kenntnisse der Mitarbeiter erreicht. Ich möchte unsere Aufgaben in zwei Teile gliedern. Zum Ersten sind dies allgemeine Aufgaben, die den aktuellen Übungsbetrieb sicherstellen. Hierzu gehören zum Beispiel das Einrüsten des Personals und der Fahrzeuge, die mobile Instandsetzung im Gelände sowie die Durchführung von Technik-Checks. Während des Einrüstens sind alle im Bereich verfügbaren Mitarbeiter gebunden.

Weiterhin wird durch mobile Instandsetzungsteams die Instandsetzung der Simulationstechnik im Gelände während einer laufenden Übung durchgeführt. Diese Aufgaben und Fähigkeiten muss jeder Mitarbeiter beherrschen. Dies ist besonders von Bedeutung, wenn Übungsdurchgänge mit hohen Teilnehmerzahlen (Soldaten) und Fahrzeuge im GefÜbZH üben.

Zum Zweiten sind dies spezielle Aufgaben. Dazu gehört unter anderem das Lagerverwaltungssystem mit dem dazugehörigen Lagerleitstand. Für dieses System sind wir als Betreiber vollumfänglich verantwortlich. Bei der starken Belastung des Materials bleibt es nicht aus, dass Teile der Simulationstechnik einmal ausfallen. Deshalb ist eine weitere Aufgabe das Befunden und Reparieren von Schadmaterial sowie das Reparieren aller Kabel. Jeder meiner Mitarbeiter hat sein persönliches Steckenpferd im elektronischen Bereich. Über viele Jahre haben sich die Mitarbeiter ein umfangreiches Firmen-Know-how angeeignet. Das im Laufe der Zeit selbst angeeignete Wissen ist ein wesentliches Leistungsmerkmal unserer Mitarbeiter, um die erforderlichen Aufgaben in unserem Bereich zu erfüllen.

Was versteht man unter dem Begriff Lagerverwaltungssystem und Lagerleitstand?

Das Lagerverwaltungssystem ist ein Logistik- und Transportsystem. Hier gibt es ein Tablarlager (Bild 135) das mit Tablaren (Kisten) ausgestattet ist. In diesen Tablaren befindet sich die entsprechende AGDUS-Ausstattung für die verschiedenen Fahrzeugsysteme sowie die Personalausstattung für den Soldaten. Im Lagerleitstand werden gemäß der Bedarfsanforderung die dafür notwendigen Tablare abgerufen und über ein vollautomatisches Fördersystem vom Lager zu den Einrüstplätzen befördert. Das Computersystem des Lagerverwaltungssystems erlaubt eine Überwachung des kompletten Fördersystems und steuert den Materialfluss sowie die Organisation des Ein- bzw. Ausrüstens.

Bild 135: Tablarlager zur Lagerung von AGDUS Material

Herr Peine, wenn Sie von Befundung und Reparatur sprechen, bedeutet dies, dass Sie hier alles selbst reparieren können?

Nein, nicht alles, auch wir kommen an Grenzen. Bestimmte Schäden können nur durch den Hersteller abgestellt werde. Dazu gehören zum Beispiel Schäden an den Lasermesseinheiten oder bei speziellen Ersatzteilen, die nicht durch die Herstellerfirmen an uns geliefert werden. Aber grundsätzlich sind meine Mitarbeiter in der Lage, alle Schäden am Equipment festzustellen und den größten Teil davon selbst zu reparieren.

Welche Bereiche befinden sich noch in Ihrer Abteilung?

Ein wesentlicher Bereich ist unter anderem der Bereich der Disposition. Hier werden nicht nur Bestellungen von Ersatzteilen koordiniert, sondern auch die Organisation der Lagerbestände und Bedarfsforderungen bearbeitet. Ebenso wird die Übungsvorplanung zum Teil durch die Disposition bearbeitet. Müssen defekte Teile zu Herstellerfirmen abgesteuert werden, wird dies durch unsere Disponenten geplant, gesteuert und überwacht.

Der AGDUS-Beauftragte ist für die gesamten AGDUS-Systeme verantwortlich. Weiterhin hat unser AGDUS-Beauftragter administrative Rechte zur Pflege und Wartung unseres Betriebssteuerungssystems. Bei Bedarf werden für die militärische Führung Kennzahlen, bezogen auf den Übungsbetrieb, vorgelegt. Ein weiterer wichtiger Bestandteil im Betriebssteuerungssystem ist das Erfassen von fehlerhaften Geräten.

Das Erfassen von Kennzahlen und fehlerhaften Geräten ist im Übrigen Bestandteil unseres Vertrages. Wir sind verpflichtet, diese Daten dem BAAINBw zur Verfügung zu stellen.

Aufgrund seiner über viele Jahre gesammelten Kenntnisse hat sich der AGDUS-Beauftragte ein hohes technisches Wissen angeeignet.

Ein weiterer Bereich ist der Bereich des Einrüstbeauftragten. Um schnellstmöglich das Ein- bzw. Ausrüsten in höchster Qualität durchführen zu können, sind alle Organisationsabläufe genau festgelegt. Der Einrüstbeauftragte plant, organisiert und koordiniert die Prozesse rund um das Ein- bzw. Ausrüsten von Soldaten und Fahrzeugen.

Die militärischen Anforderungen werden in einem Einrüstplan berücksichtigt. Die Durchführung der Einrüstbesprechung am Vortag des Einrüstens durch den Einrüstbeauftragten ist ein wichtiger Bestandteil, damit das Einrüsten problemlos ablaufen kann.
Der Einrüstbeauftragte führt bei Besuchen aus dem In- und Ausland Präsentationen durch und stellt dabei unsere Simulationstechnik vor.

Herr Peine, diese Technik funktioniert sicher nicht auf Solarbasis. Wie stellen Sie die Stromversorgung der AGDUS-Personalausstattung sicher?

Für die Zukunft wäre eine Stromversorgung der Simulationstechnik auf Solarbasis wünschenswert. Im Übrigen wird das schon in anderen Projekten wie z. B. bei den kabellosen Sensormodulen genutzt.

Wir stellen die Stromversorgung derzeit mithilfe von Akkus sicher. Diese werden über Spezialschränke geladen und gewartet. In einem separaten Raum stehen unter anderem 14 Ladeschränke für die 12-Volt-Akkus und 6 Ladeschränke (Bild 136) für die Mignonakkus zur Verfügung. Insgesamt sind wir für ca. 6.000 12-Volt-Blockakkus und 28.000 Mignonakkus verantwortlich. Die Qualität des an uns übergebenen Akkus wird ständig überwacht.

Bild 136: Batterieladestationen

Wie kann man sich das Einrüsten der Fahrzeuge bzw. des Personals vorstellen?

Die Einrüstung von Personal und Fahrzeugen findet zeitlich parallel statt. Die Soldaten kommen in den Personalausstattungsraum, wo zunächst eine Abstimmung an einem PC des Betriebssteuerungssystems erfolgt. Die Erfahrungen haben gezeigt, dass noch bis zu Beginn des Einrüstens Soldaten ausgetauscht oder in neuen Funktionen eingesetzt werden oder mit anderen Waffensystemen als gemeldet zu uns kommen.

Um die Soldaten mit den richtigen AGDUS-Systemen auszustatten, ist diese Abstimmung sinnvoll. Der Soldat erhält eine Barcodekarte. Auf dieser Barcodekarte wird das gesamte ausgegebene Material verbucht. Der Soldat kann zu jeder Zeit neues Material bekommen bzw. Teile seiner Ausstattungen auch wieder zurückgeben. Alle Vorgänge werden dann über die Barcodekarte abgewickelt. Ein weiterer Vorteil ist, dass ich sofort über das Betriebssteuerungssystem sehen kann, wie viel Material und an wen ausgegeben wurde. So können wir ca. 50 bis 60 Soldaten in einer Stunde einrüsten.

Bild 137: Barcode: Vorderseite

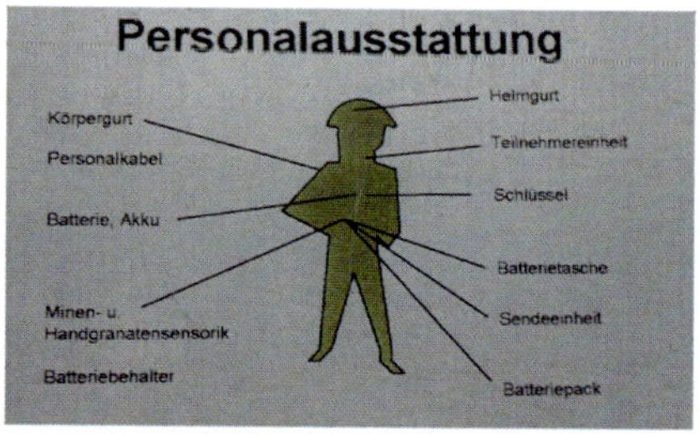

Bild 138: Rückseite

Bei den Fahrzeugen sieht das etwas anders aus. Die Fahrzeuge stehen in der Einrüsthalle. Die Rüstsätze (Simulationssysteme und die Verbindungselemente zum Datenfunk) werden über den Lagerleitstand in der Halle abgerufen. 15 Boxen stehen uns dafür zur Verfügung, die alle gleichzeitig betrieben werden können. Das an- und einzubauende Material kommt wie bereits angesprochen, durch Kettenfördertechnik zum einzurüstenden Fahrzeug. Dort stehen meine Mitarbeiter und rüsten zusammen mit der Besatzung das Fahrzeug nach einer Taschenkarte bzw. technischen Dienstvorschrift ein.

Hierzu benötigen wir je nach Art des Systems zwischen 45 Minuten und 2,5 Stunden. Jeder eingerüstete Teilnehmer wird durch uns in der Zentrale abgefragt. Erst wenn der Teilnehmer technisch in Ordnung ist und in der Zentrale auf dem Bildschirm ohne Fehler erscheint, kann er unser Einrüstgebäude verlassen und an der Übung teilnehmen.

Zum Ende meiner Führung durch den Bereich der Systemtechnik Gefechtsfeld bin ich mit Herrn Peine noch im Bereich der Instandsetzung. Hier treffe ich auf Herrn Pachel, der schon seit mehr als zehn Jahren hier arbeitet. Herr Pachel hatte gerade seinen Arbeitsplatz so modifiziert, dass er eine Systemprüfung einer Mine und einer Minen- und Handgranatensensorik am Arbeitsplatz durchführen kann, ohne ein normalerweise benötigtes Fahrzeug zu ordern. Dies zeigte mir, dass, wie auch bei anderen Bereichen bereits erwähnt wurde, die Leistungsbereitschaft der Mitarbeiter eine ganz besondere ist.

Ich fragte Herrn Pachel *(Bild 139)*, ob dieser Fleiß und die selbstständige Weiterentwicklung Anerkennung findet, worauf er kommentierte:

Man muss doch Spaß an seiner Arbeit haben und so kann ich nicht nur schneller, sondern auch optimaler arbeiten und das kommt allen anderen auch zugute.

Bild 139: Arbeitsplatz im Bereich des Gefechtsfeldes

Solche Antworten verdeutlichen, dass die Arbeitnehmer des industriellen Betreibers offenbar in ihrem Beruf, oder besser gesagt in unserem gemeinsamen Auftrag, mit ganzem Herzen dabei sein müssen.
Die **Systemtechnik Zentrale** ist ein weiteres Paket, das **den** Betrieb und die Betreuung der Zentrale, die Gefechtsfeldinstrumentierung (stationär) und das Kommunikationsnetz der Systemtechnik sicherstellt. Die Betreuung der mobilen Video- und Besprechungstrupps sowie der Software der Systemtechnik Zentrale werden hier gewährleistet.

Herr Torsten Berger ist seit 2003 beim GefÜbZH beschäftigt und seit Juli 2011 Abteilungsleiter des Arbeitspaketes 3 „Systemtechnik Zentrale". Mit seinen ca. zehn Mitarbeitern stellt er den Betrieb und die Betreuung der Systemtechnik sicher. Dazu gehören unter anderem die neun Funkstationen, die auf dem gesamten Truppenübungsplatz verteilt sind und der Datenübertragung dienen.

Herr Berger, was ist unter Betrieb und Betreuung der Systemtechnik zu verstehen?

Unter Betrieb gehört alles, was mit Wartung und Instandhaltung der Technik zu tun hat. Der Begriff Betreuung der Systemtechnik beinhaltet die Pflege der Software, Unterstützung der Soldaten in der Bedienung der Computeranlagen und die Erhaltung der Funktionsfähigkeit der Anlagen.

Wie kann man sich die Arbeit Ihrer Mitarbeiter vorstellen?

Neben den erwähnten Tätigkeiten befinden sich meine Mitarbeiter teilweise rund um die Uhr in der Zentrale und überwachen das System. Sie werden dann tätig, wenn Fehler auftreten, denn dann beginnt die intensive Fehlersuche und die entsprechende Fehlerbehebung.

Was zeichnet Ihre Arbeiter in Ihrem Bereich aus?

Selbstverständlich ist die IT-Grundkenntnis für die Aufgabenerfüllung in unserem Bereich unerlässlich, aber nicht das Alleinstellungsmerkmal. Mir persönlich ist die hohe Leistungsbereitschaft meiner Mitarbeiter sehr wichtig und daher meiner Meinung nach für die verantwortungsvolle Aufgabe unverzichtbar. Allgemein gibt es zwei Arten von Anforderungsprofilen. Profil 1 beinhaltet allgemeine Kenntnisse der Funktionsweise Zentrale und Profil 2 zeichnet sich durch spezielle Kenntnisse wie zum Beispiel Kenntnisse der Antennenmesstechnik aus.

Herr Berger, wenn ich an meinem Computer sitze, kommt es immer wieder mal vor, dass ich ihn verfluche und jedem sage, der es wissen will, dass der Computer „kaputt" ist. Kann Ihnen das mit Ihrer Systemtechnik auch passieren?

Auch unser System ist nicht unfehlbar und es kam auch schon einmal vor, dass unsere Technik ausgefallen ist. Doch genau dafür sind wir dann da, um die Fehler, die zu solch einem Ausfall führen, zu beheben. In meiner Zeit hier im GefÜbZH ist dies bisher zweimal geschehen. Jedoch waren wir in der Lage, die Fehler zu beheben, um die Fortführung der Übung zu gewährleisten.

Wie sehen Sie die Entwicklung der Technik in den nächsten Jahren?

Ich glaube, dass sie sich in drei Punkten verändern wird. Zum Ersten wird die realistische Darstellung für den betroffenen Soldaten besser darstellbar sein. Vermutlich wird er die Auswirkungen seines Handelns besser wahrnehmen können. Dies bringt mich direkt zum zweiten Punkt, zur dreidimensionalen Darstellung. Die Auswertung hört nicht hinter der Wand auf, sondern geht mit in die Gebäude. Laserwirkungen werden sich auch hinter Deckungen und in Gebäuden so auswirken, dass der Soldat der realistischen Kampfmittelwirkung nicht ausweichen kann.

Zum dritten und letzten Punkt glaube ich sagen zu können, dass aufgrund dieser Vielzahl an Informationen, die zur Auswertung von Ereignissen gesammelt werden können, sich die Zahl des Ausbildungspersonals und der benötigten Technik erhöhen wird. Dies wird wiederum eine Kostenfrage sein, die in Relation zum Nutzen stehen muss.

An einem der Arbeitsplätze in der Leitungszentrale habe ich einen der Mitarbeiter von Herrn Berger angetroffen und mir diese Fehlerbehebung angesehen und erklären lassen. Axel Freund ist als Systemingenieur bereits seit Januar 1998 beim GefÜbZH.

Ich bat Herrn Freund, mir auftretende Fehler zu beschreiben.

Ich unterscheide bei entstandenen Fehlern zunächst grundsätzlich zwei Arten. Zum einen Fehler, die draußen im Gelände auftreten und vorwiegend am Gerät entsteht wie zum Beispiel ein Kabelbruch oder abgerissene Module. Bei solchen Fehlern meldet der betroffene Übungsteilnehmer dies zunächst an seinen Ausbilder und Schiedsrichter.

Diese Meldung wird von ihm an die Soldaten des entsprechenden Leitungsteams in der Leitungszentrale weitergegeben. Die Meldung wird dann an uns

Systemadministratoren (*Bild 140*) *weitergeleitet. Wir überprüfen diese Meldung im System und schicken wenn nötig unsere mobilen Techniker zu dem entsprechenden Fahrzeug oder Soldaten. Selbstverständlich ist das immer übungsabhängig, damit die laufende Übung nicht gestört wird, da der Teilnehmer trotz des ausgefallenen Systems ja weiter an der Übung teilnehmen kann. Wenn der Fehler behoben wurde, prüfe ich nur noch die vollständige Einsatzbereitschaft im System.*

Bild 140: Arbeitsplatz eines Systemadministrators

Und was ist die zweite Art von Fehlern, die auftreten können?

Ich nenne sie Fehler der Zentrale, beginnend ab der Kommunikationszentrale, in der unsere Server stehen. Dies können entweder Soft- oder Hardwarefehler sein. Wenn uns einer der Soldaten in der Auswerte- oder Leitungszentrale einen Softwarefehler an seinem System meldet, versuchen wir, diesen Fehler nachzustellen und die Ursache festzustellen. Hardwarefehler sind dann Fehler, die an den Servern oder Netzteilen entstehen können.

Haben Sie schon erlebt, dass sich plötzlich alle Soldaten zurücklehnen und Sie fragend ansehen, weil ihre Computer nicht mehr reagieren und alles schwarz ist?

Ja, das passiert schon das eine oder andere Mal, was aber meist sehr schnell behoben ist. Die Soldaten werden gebeten das persönliche System herunterzufahren und wieder neu zu starten.

Vielleicht können Sie uns anhand des Bildes erklären, was Sie sehen?

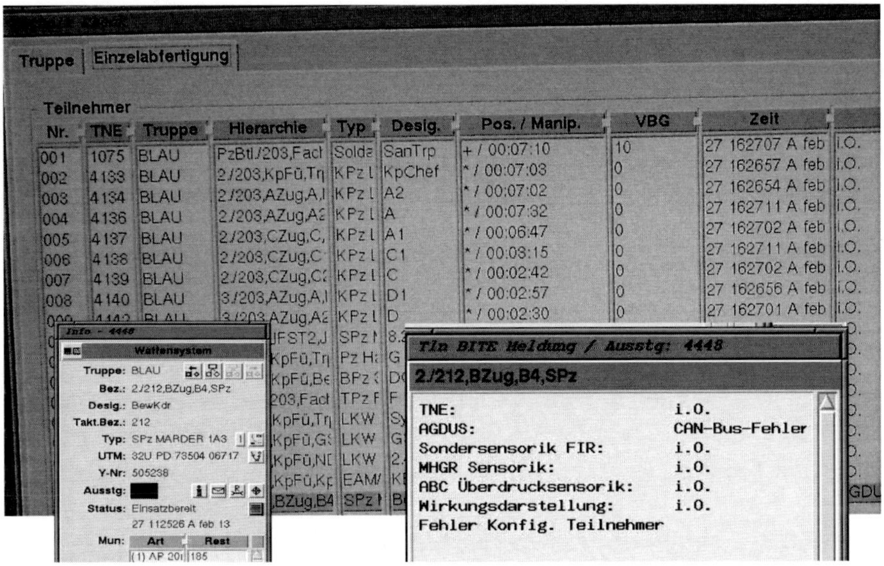

Bild 141: Abbildung unterschiedlicher Meldungen

In der Mitte sehen wir eine Gesamtübersicht der Systeme von mehreren Fahrzeugen, die ich beobachte, da sie bereits im Laufe des Tage auffällig waren und nicht zu 100 % stabil gearbeitet haben. Aber auch Systeme, die mit Fehlern gemeldet werden wie das letzte angezeigte System habe ich der Übersicht hinzugefügt.
Hier sind auf einen Blick viele Informationen ersichtlich und man kann entsprechend reagieren. Am Anzeigefeld links können wir Details erkennen wie z. B. die Einheit bzw. Zugehörigkeit, Fahrzeugtyp, Standort nach Koordinaten, einen Fehler an der AGDUS-Ausstattung (rot unterlegt), Status des Systems und ganz unten die Kampfbeladung zu Beginn der Übung und die derzeitigen Restbestände.
Auf dem rechten Anzeigefeld sehe ich, welche Systemeinheiten in Ordnung sind und welches System einen Fehler hat.

Während unseres Gesprächs erläuterte mir Herr Freund, dass grundsätzlich ein Backup während der gesamten Übung parallel mitläuft, um beim Ausfall des Systems sofort zu übernehmen. Das dauert dann nur wenige Augenblicke.

In einem weiteren Arbeitspaket, der **Ausbildungsunterstützung,** wird die Videodokumentation, Edition und Besprechung, der Betrieb mobiler Video- und Besprechungstrupps sowie die Führung und Pflege der Ausbildungsdatenbanken geleistet. Auch den Ausbildungsbericht (Take Home Package als DVD), der alle Informationen der Übungsbesprechungen, Videos und Bilder beinhaltet und der Truppe übergeben wird, stellt diese Abteilung her. Der Leiter des Auswertedienstes erteilt die Aufträge an den Abteilungsleiter, der innerhalb seines Bereiches die Auftragserfüllung sicherstellt.

Geführt wird diese Abteilung durch Detlev Binder, der bis 1988 Soldat war. Ihm zur Seite stehen über zwei Dutzend Mitarbeiter, die multifunktional (jeder ist überall einsetzbar) verwendet werden können. So stellt er sicher, dass sein Personal entsprechend der geforderten Leistungen eingesetzt werden kann.

Herr Binder, was genau verbirgt sich hinter den Begriffen Video, Edition und Besprechung?

Für die Videodokumentation arbeiten mehrere Videotrupps, die jeweils aus zwei Mitarbeitern bestehen. Sie sind mit einem mobilen geländegängigen Sende- und Übertragungswagen unterwegs und werden je nach Auftragslage und Übungsschwerpunkt auf dem gesamten Truppenübungsplatz eingesetzt. Wir sind in der Lage mit Wärmebildkameras entsprechende Aufnahmen auch bei Nacht und schlechter Sicht ohne zusätzliches künstliches Licht zu machen. Alle Aufnahmen können entweder live oder zeitversetzt in die Zentrale übertragen werden.

Im Bereich der Edition werden lernzielorientierte Videoszenen aufgearbeitet, Funksprüche sowie stehende oder bewegte Bilder als Replay vom digitalen Lagebild unter militärischer Führung zusammengefasst. Powerpointpräsentationen ergänzen diese Daten für die Besprechungen. In der Auswertezentrale werden mit unseren Editoren gemischte – militärisch-industrielle – Auswerteteams gebildet und übungsbezogen den Ausbildungsthemen zugeordnet. Hier werden alle multimedialen Anteile für die Auswertebesprechungen zusammengefügt.

In Zwischenbesprechungen, die meist an mobilen Auditorien (Bild 143) im Gelände stattfinden, und bei der Schlussbesprechung im großen Auditorium (Bild 142) in der Kaserne unterstützt der industrielle Mitarbeiter meines Bereiches die Veranstaltung durch die Bedienung des technischen Instrumentariums zur Medienpräsentation.

Bild 142: Auditorium

Bild 143: Mobiles Auditorium

Ich fragte Herrn Binder, woher die industriellen Mitarbeiter ihre Grundkenntnisse bezüglich der militärischen Grundlagen haben, um diese Arbeiten durchführen zu können.

Alle Mitarbeiter müssen militärische und mediale Grundkenntnisse mitbringen. Die spezielle fachliche Aus- und Weiterbildung erfolgt in meinem Bereich vor Ort permanent, denn man muss sich immer weiterentwickeln.

Was fällt Ihnen zum Punkt Herausforderungen ein?

Flexibilität zeichnet uns als Dienstleister aus, um auch kurzfristig die Anforderungen des militärischen Kunden mit bester Qualität erfüllen zu können.

Ich habe mich im Bereich der Videotrupps umgesehen und festgestellt, dass schon frühmorgens und spätabends Männer und Frauen mit ihren mobilen Sende- und Übertragungswagen im Gelände unterwegs sind. Über Funk werden sie quer über den TrÜbPl Altmark geschickt, um verschiedene Aufnahmen bei Tag und Nacht zu machen. So filmen sie Befehlsausgaben und verschiedene Ausbildungs- und Übungsabschnitte. Dabei sollen sie wenn möglich nicht zu sehen sein und immer im Hintergrund stehen. Doch jeder, der schon einmal hinter einer Kamera stand, weiß, dass man mitten in der Szene stehen sollte, wenn man gute Bilder haben möchte.

Herr Deutsch ist seit 2001 beim GefÜbZH. Er hat als Fahrer und Kameragehilfe angefangen und ist heute einer dieser Männer hinter der Kamera.

Herr Deutsch, wie kann man sich Ihre Arbeit hinter der Kamera vorstellen?

Als Kameramann muss man sehr flexible Arbeitszeiten und Dienstpläne akzeptieren. Unser Dokumentationstruppführer weist uns einem militärischen Ausbildungsteam zu, das wir in der Einsatzübung begleiten. Oder wir werden bestimmten Ausbildungsthemen wie z. B. IED zugeordnet. Wenn wir draußen im Gelände sind, dokumentieren wir das Geschehen in bewegten und stehenden Bildern für die Auswertung.

Herr Deutsch, wie ist das jetzt mit dem Sehen und Gesehen werden als Kameramann?

Manchmal sollen wir gesehen werden, aber oft wird erwartet, dass man uns nicht wahrnimmt, um die bevorstehende Situation nicht zu verraten. So filmen wir die als Feind eingesetzten Soldaten bei ihren Vorbereitungen in der Deckung oder beim Anlegen von Sprengfallen. Bei Themen wie Hinterhalt wäre es natürlich fatal, wenn wir schon vor dem Anschlag von der Übungstruppe aufgeklärt werden. Also warten wir mit der Kamera unerkannt hinter einer Deckung die Aktion ab, bevor wir aus der Deckung kommen, um das Verhalten der Soldaten für die Auswertung festzuhalten.

Wie empfinden Sie die Zusammenarbeit mit den Soldaten, wenn Sie mit Ihrer Kamera unterwegs sind?

Die Einstellung der Soldaten gegenüber uns industriellen Mitarbeitern hinter der Kamera hat sich in den letzten Jahren deutlich verbessert. Früher war es schon sehr ungewohnt für einen Soldaten, in der Ausbildung von einem Zivilisten gefilmt zu werden. Heute ist es einfacher, da die meisten wissen, wofür diese Aufnahmen genutzt werden. Wir sind durch weiße Armbinden gekennzeichnet, was bedeutet, dass wir zum Leitungspersonal des GefÜbZH gehören. Aber auch unser verantwortlicher Ausbilder aus dem Ausbildungsdienst stellt uns der Übungstruppe vor, um Missverständnisse zu vermeiden.

Wie stellen Sie das Recht am eigenen Bild des Soldaten sicher?

Diese Verantwortung trägt die Bundeswehr für uns. Wir stellen das Material zur Verfügung und die Bundeswehr stellt sicher, dass diese Bilder ausschließlich für die Auswertung der betroffenen Übungstruppe genutzt werden.

Ist Ihnen schon einmal passiert, dass ein Soldat nicht gefilmt werden wollte bzw. von Ihnen verlangt hat, die Sequenz sofort wieder zu löschen?

Eher selten, es ist aber schon das eine oder andere Mal vorgekommen. Zum Beispiel fuhr ich in die Kaserne nach Planken zur Übungstruppe, um gemäß meinem Auftrag einige Bilder zu machen. Auf dem Parkplatz wurde gerade mit einer Planierraupe gearbeitet, als ich begann, mit meinem Fotoapparat Bilder zu machen. Es dauerte nicht lange, bis mich der Soldat sah und sofort seine Arbeit einstellte. Nachdem er sein Arbeitsgerät abgestellt hatte, kam er aufbrausend auf mich zu, machte ein fürchterliches Theater und wollte meinen Namen wissen. Ich sagte ihm darauf, dass ich einen Auftrag habe und gab ihm meinen und den Namen meines Vorgesetzten, an den er sich wenden kann.

Im Laufe des Gespräches mit Herrn Deutsch (Bild 144) wurde mir aber auch bewusst, dass er sich seiner Verantwortung im Klaren ist. Er erzählte mir, dass er die eine oder andere Videosequenz auch einmal löscht, wenn für den Soldaten peinliche Situationen entstanden sind, was bei Live-Übertragungen natürlich nicht möglich ist.

Bild 144: Liveübertragung mit Video in die Zentrale

Der Bereich der **Materialbewirtschaftung** umfasst die Nachweisführung und Bewirtschaftung des gesamten Materials, der Ausrüstung sowie der Munition und Pyrotechnik der Dienststelle. Geführt wird dieser Bereich durch Herrn Herbst, der seit Oktober 2011 beim GefÜbZH ist und im Januar 2012 zum Abteilungsleiter des Bereichs ernannt wurde.

Der Bereich der Materialbewirtschaftung ist ein sehr sensibler Bereich, da hier die Waffenkammern des GefÜbZH geführt und betrieben werden. Auch die zugehörige Ausrüstung und Munition wird in diesem Bereich bewirtschaftet.

Es ist ungewöhnlich, als Soldat seine Waffe von einem Zivilisten entgegenzunehmen, aber im GefÜbZH ist dies der Alltag. Die Mitarbeiter des Bereiches, die Waffen oder andere sicherheitsempfindlichen Geräte bewirtschaften, unterliegen einer entsprechenden Sicherheitsüberprüfung. So kann der Auflage des Kriegswaffenkontrollgesetzes Rechnung getragen werden.

Bild 145: Lagerung der CRC Ausrüstung

Herr Herbst, wie gliedert sich Ihr Bereich und welche Aufgabenbereiche werden durch Sie abgebildet?

Mein Bereich besteht aus zwei Teams.

1. *Material und Nachweis*
2. *Ausrüstung und Munition*

Im Team „Material und Nachweis" arbeiten die Bereiche Zentrallager, Materialnachweis und die Versorgungsgruppe. Über das Zentrallager gehen alle Ein- und Ausgänge sowie der Austausch von Material des GefÜbZH und des industriellen Betreibers. Im Materialnachweis wird, wie der Name schon ausdrückt, das gesamte Material nachgewiesen und es werden alle für die Bestandsführung notwendigen Buchungsvorgänge abgewickelt.

Im Bereich der Versorgungsgruppe werden verschiedene Arten von Werkzeug und Materialien bereitgehalten und bei Bedarf ausgegeben.

Das hier beschäftigte Personal hat neben den arbeitstypischen Aufträgen noch eine Zweitfunktion zu erfüllen. So werden die Mitarbeiter im zweiten Team „Ausrüstung und Munition" gezielt eingesetzt, z. B. in der Wartung und Instandsetzung des ABC-Gerätes oder Sanitätsmaterials (Rettungsstation).

Das zweite Team „Ausrüstung und Munition" (Kammern) gliedert sich in die Bereiche Waffenkammer mit dem Teil Infanterist der Zukunft (IDZ), Munition und Biwakmaterial sowie dem Bereich ABC, CRC, ausländische Bekleidung und Sanitätsmaterial.

Der Bereich Waffenkammer wird personell, zeitlich und inhaltlich sehr flexibel betrieben. Unsere Mitarbeiter sind mittlerweile zu hoch geschätzten Experten geworden und werden daher das eine oder andere Mal auch für die Ausbildungsunterstützung im Ausbildungsverband angefordert.

Wo haben sich diese Männer das Wissen angeeignet, um in der Ausbildung an Waffen oder anderem Gerät zu unterstützen oder diese gar selbst durchzuführen?

Das ist relativ einfach zu beantworten. Viele meiner Mitarbeiter sind ehemalige Soldaten und haben teilweise in ihrer militärischen Vergangenheit eine Spezialausbildung erhalten, zusätzlich finden auch Weiterbildungen in der Firma statt, sei es als Angehöriger der ABC-Truppe, als Sanitätsdienstsoldat oder auf waffentechnischem Gebiet. Bei der Vorbereitung bestimmter Ausbildungsabschnitte können sie zum Beispiel die Rettungsstation aufbauen und dadurch verhindern, dass dieses empfindliche Gerät beschädigt wird.

Die Zusammenarbeit mit den Soldaten läuft sehr gut. Wir nehmen schon in den Planungsphasen an Besprechungen teil, die der Vor- und Nachbereitung von Übungsdurchgängen dienen. In wöchentlichen Versorgungsgesprächen, bei denen der S4 Offizier/Fw und die Versorgungsfeldwebel des Ausbildungsverbandes zugegen sind, werden Materialanforderungen besprochen und wenn nötig Alternativen angeboten.

Gerade in den Wintermonaten treten immer wieder Probleme beim Zeltaufbau auf, da Planen reißen und dann nicht mehr zur Verfügung stehen. Dabei zeigt sich immer wieder, dass gerade durch dieses Miteinander in den Besprechungen Lösungen gefunden werden, die es ermöglichen, die Ausbildungsziele in vollem Umfang zu erreichen, aber auch mit den zur Verfügung stehenden Ausrüstungsgegenständen schonend umzugehen.

Herr Herbst, zwei Bereiche des Teams „Ausrüstung und Munition“ fehlen noch, welche sind das?

Zum einen der Bereich Munition und Biwakmaterial, in dem wie Sie sicher schon herausgehört haben die Verwaltung und Ausgabe bzw. Rücknahme von Munition aufgehängt ist. Auch das Biwakmaterial wie Tische, Stühle, Zelte und vieles mehr wird in diesem Team bewirtschaftet.

Im letzten Bereich ABC, CRC und andere wird die komplette ABC- und CRC-Ausstattung verwaltet und bereitgestellt. Und schließlich kommen dann noch alle anderen Artikel wie die bereits angesprochene Sanitätsausstattung oder auch ausländische Bekleidung hinzu.

Herr Herbst, wem gehört das Material, das Sie hier verwalten und wie wird es gelagert?

Das Material und die Ausrüstung, die wir hier verwalten, warten und instandsetzen, ausgeben und zurücknehmen, ist neben dem firmeneigenen Lager zum großen Teil Eigentum der Bundeswehr und dient in erster Linie den Soldaten des GefÜbZH. In besonderen Fällen kann das Gerät auch an die Übungstruppe oder an Fremdtruppenteile zeitlich befristet übergeben werden. Hierbei steht der Übungsdurchgang im GefÜbZH jedoch immer an erster Stelle.

Die Lagerung hat sich vor kurzem entspannt; dank einer neuen Halle sind wir nun in der Lage das Material übersichtlicher und vor allem anforderungsgerecht zu lagern. In dieser Halle bewahren wir jetzt ABC-Material und das Material für die CRC-Ausbildung auf. Aber auch unsere Vorschriftenstelle haben wir in die Halle verlagert und so Platz für anderes Gerät gewonnen. Zudem haben zwei neue Munitionslagerhäuser sowohl lagertechnisch als auch sicherheitstechnisch einen Fortschritt gebracht.

Bild 146: Materiallager der RDA im Technischen Bereich

Herr Herbst, vielleicht können Sie uns einmal einige Zahlen nennen, damit man eine Vorstellung von dem bei Ihnen gelagerten Material bekommt?

Wir haben über 6.000 Positionen von waffenkammerpflichtigem Gerät. Das sind unter anderem unterschiedliche Hand- und Panzerabwehrwaffen, optisches Gerät oder Funkgeräte.

Die Sätze der CRC-Ausstattung haben wir 660-mal vor Ort gelagert. Und die ausländische Bekleidung, bestehend aus über 14.000 Einzelpositionen wie z. B. Uniformen verschiedener Armeen, Zivilbekleidung für Männer und Frauen in den Einsatzgebieten der Bundeswehr oder Schneetarnanzügen.

Wir haben jetzt schon öfter den Begriff ABC-Material und CRC-Material gehört. Ich möchte Ihnen, meiner Leserschaft, erst einmal erklären, was sich hinter diesen Begriffen verbirgt.

Zum hier gelagerten ABC-Material (atomar – biologisch – chemisch) gehört eine persönliche Schutzbekleidung, die aus einer Jacke, Hose, Unterziehhandschuhen, Schutzhandschuhen, Überschuhen und einer Tragetasche besteht. Der Stoff ist ein wasserabweisender, imprägnierter Oberstoff und ein mit Aktivkohle angereicherter Filterstoff. Eine ABC-Spürausstattung zum Aufspüren von Kontaminationen und diverse Kleinteile gehören ebenfalls zur Ausstattung.

Die CRC-Ausstattung (Crowd and Riot Control) ist eine Ausstattung zur Kontrolle von Menschenmengen und gewalttätigen Ausschreitungen bei Einsätzen der Bundeswehr im Ausland. Sie besteht aus mehreren Komponenten, wobei wir im GefÜbZH nur die Komponenten Schutzanzug (schwer entflammbar) mit Helm (Visier als Gesichtsschutz), Stock, Schild, Knie-Schienbein-Ellenbogen- und Brustprotektor, Tiefschutz, spezielle Atemschutzmaske, Reizstoffsprühgerät in verschiedenen Varianten und das Übungsreizgas (nicht gesundheitsschädlicher Qualm) verfügbar haben.

Ein weiterer Bereich ist der **Mobilitäts-/Materialservice**. Der Abteilungsleiter, Herr Emmermann, ist bereits seit 1999 im GefÜbZH beschäftigt und verantwortlich für die Koordination und den Einsatz der Fahrzeuge einschließlich der Gestellung von Industrie-Kraftfahrern (IKF).

Der Mobilitätsservice ist wie folgt strukturiert: Abteilungsleitung, mehrere Teamleitungen, Lagerteam Fuhrpark, Sachbearbeitergruppe und Kraftfahrer. Die Teamleiter sind gleichzeitig als Disponenten eingesetzt. Der Abteilungsleiter und seine Disponenten sorgen in Verbindung mit den Lagerarbeitern für einen reibungslosen Ablauf der Übungen. Im Schwerpunkt sind das die Übergaben und Rücknahmen von Fahrzeugen an eigene Truppen und Übungstruppen, das Erstellen von Instandsetzungsaufträgen (planbare und ungeplante Instandsetzung) sowie das Erstellen von Fahraufträgen.

Der Mobilitätsservice ist der Bereich mit den meisten Beschäftigten innerhalb des industriellen Betreibers. Allein der Mobilitätsservice setzt ständig ca. 88 Fahrzeuge inklusive IKF, auch rund um die Uhr, zu den Übungen ein. Daraus ergibt sich eine Kilometerleistung von ca. 1,3 Mio. km pro Jahr allein im Bereich des industriellen Mobilitätsservices.

Herr Emmermann, würden Sie uns eingangs zunächst Ihren Bereich und die Aufträge, die Sie und Ihre Kollegen zu erfüllen haben, beschreiben?

Mein Bereich gliedert sich in technische Disposition, Personaldisposition und Materiallager.

In der technischen Disposition wird die Planung der Fahrzeuge durchgeführt, vom Anlegen von Störmeldungen und Einsteuern zur Instandsetzung bis hin zur Einsatzplanung für die Übungen. Weiterhin werden hier die administrative Vorbereitung von Übergaben der Fahrzeuge an die eigene oder an fremde Truppenteile sowie die Erstellung der Fahraufträge durchgeführt.

Im zweiten Bereich, der Personaldisposition, wird das Personal eingeteilt und eingesetzt. Die Personaldisposition bearbeitet nur den Bedarf an Industriekraftfahrern, militärische Kraftfahrer werden eigenständig eingesetzt. Urlaubsplanung, Gleitzeiten, Überstunden oder Krankheiten müssen berücksichtigt werden und dürfen keine Auswirkungen auf die Erfüllung unseres Auftrages haben.

Der dritte Bereich ist das Materiallager. Im Materiallager ist das gesamte Material der Fahrzeuge gelagert. Die Mitarbeiter des Materiallagers haben nicht nur die Aufgabe Fahrzeuge zu übergeben bzw. zurückzunehmen, sondern das Material bei Bedarf zu warten und zu pflegen. Wir haben in unserer Verantwortung mehrere hundert Fahrzeuge unterschiedlichster Art.

Wie kann man sich den Ablauf dieser Übergaben vorstellen und welche Probleme können dabei entstehen?

Die Anforderungen gelangen über das anforderungsberechtigte Personal des GefÜbZH mit den Zusatzinformationen, ob z. B. ein Industriekraftfahrer (IKF) benötigt wird, Ladung transportiert werden muss oder ob das Fahrzeug durch einen Selbstfahrer bewegt wird, an das Gesamtmanagement (Lagezentrum). Das Lagezentrum führt eine Plausibilitätsprüfung durch, danach geht die Anforderung direkt zur Personaldisposition als Mobilitätsauftrag.

In der Personaldisposition wird die Verfügbarkeit von Personal und ggf. Fahrzeugen geprüft. Sodann werden die entsprechenden Fahrzeuge und das Personal in einem durch unsere Softwareprogrammierer des Bereiches Gesamtmanagement erstellten Programm freigegeben. In der Personaldisposition wird, wenn benötigt, ein entsprechender Kraftfahrer eingeteilt und namentlich benannt (planbare Arbeitszeiten, wenn möglich). Parallel wird in der Halle 25 das Fahrzeug für die Übergabe an die Kommandanten vorbereitet. Soll das Fahrzeug durch unsere Fahrer bewegt werden, sind die Fahrer bereits informiert und können sich auf ihren Einsatz in der Übung oder sonstige Fahreinsätze vorbereiten.

Wenn Fahrzeuge für Soldaten als sogenannte Selbstfahrer bereitgestellt werden sollen, werden diese gemäß der Bedarfsforderung an der Halle 25 für die Übergabe an die Fahrer vorbereitet.

Die Truppe übernimmt das Fahrzeug sowie das entsprechende Zubehör und bekommt nach namentlicher Meldung des Fahrers, Fahrzweck und Fahrstrecke an die Personaldisposition seinen Fahrbefehl, den er bei der Kfz-Gruppe siegeln und unterschreiben lassen muss. In der Regel sind diese selbst zu fahrenden Fahrzeuge die gepanzerten Fahrzeuge wie Kampfpanzer, Schützenpanzer oder Transportpanzer.

Bei den Übergaben gibt es wenige Probleme, es sei denn, Aufträge kommen so kurzfristig bei uns an, dass wir nicht sofort reagieren können, weil Panzer noch in der Instandsetzung oder bei Fristenarbeiten sind.

Bild 147: Übernahme von Gerät in der Halle 25

Irgendwann sind die Übungen auch zu Ende und die Soldaten wollen schnell nach Hause, denn der Einsatz steht in den meisten Fällen kurz bevor. Wie ermöglichen Sie den Soldaten eine reibungslose und schnelle Rückgabe?

Das heißt, Ausrüsten AGDUS, Außenwäsche, Innenwäsche, technischer Dienst nach der Benutzung und das Bereithalten des Schadmeldebuches, das zu jedem Fahrzeug gehört und eventuelle Schadensabstellungen erleichtert.

Die Soldaten durchlaufen mit den Fahrzeugen eine Art Parcours. An den Stationen werden verschiedenste Dinge geprüft und abgenommen. Zum Beispiel werden Schadmeldebücher, die zu jedem Fahrzeug gehören, dem Instandsetzungspersonal vorgelegt. Das Instandsetzungspersonal wird durch die Schadmeldebücher bei der Eingangsprüfung unterstützt. Durch diese Vorgehensweise sind wir sehr effizient, was die Zeitvorgaben angeht.

Herr Emmermann, ich bin selbst Panzergrenadier und weiß, was es heißt, einen Schützenpanzer nach einer Gefechtsübung zu reinigen. Bodenbleche ausbauen, Schlamm mit Kehrblechen ausschaufeln, Turm und Waffenanlage reinigen. Für die Außenreinigung braucht man auch mindestens eine Stunde an der Waschanlage, wenn sie gerade frei ist. Wie sieht das bei Ihnen aus?

Die Soldaten haben in der Regel eine 72-Stunden-Übung hinter sich gebracht und sind dementsprechend ausgepowert. Jetzt zum Übungsende sollen die Fahrzeuge sauber und ohne Mängel an uns zurückgegeben werden, dass bedeutet für die Soldaten noch einmal alles zu geben!
Wenn Sie als Panzergrenadier schon einmal in Shilo (Canada) gewesen sind, dann wissen Sie sicherlich noch, dass dort nach dem Truppenübungsplatz-Aufenthalt „eine Woche" der technische Dienst an den Fahrzeugen durchgeführt wurde! Erst danach wurden die Fahrzeuge abgegeben! Hier im GefÜbZH hat die Truppe ca. 15 Stunden Zeit! Das bedeutet eine sehr hohe Belastung für Mensch und Material!

Infrastrukturelle Gegebenheiten spielen unter anderem im Winter eine große Rolle. Die Waschanlage schaltet sich beispielsweise ab +4° C und kälter ab! Dann ist das Waschen nicht mehr möglich! Und jetzt prüfen Sie mal das Laufwerk eines Kettenfahrzeugs auf Schäden!

Nicht anders als Sie das noch kennen. Die Übung endet für alle zur gleichen Zeit und jeder versucht der Erste an der Waschanlage zu sein. Daher sind Wartezeiten nichts Seltenes, aber sie halten sich in Grenzen und die Soldaten nutzen die Wartezeiten, um Reinigungen am Turm oder am Zubehör durchzuführen.

Im technischen Bereich haben wir große Industriestaubsauger installiert, die von der Truppe zur Innenreinigung genutzt werden können.

Insgesamt muss ich immer wieder feststellen, dass es am Ende funktioniert, auch wenn es hier und da mal Reibereien gibt. Wenn das Fahrzeug gereinigt ist, fährt es sofort zur Instandsetzung, um auf Verkehrssicherheit und Unfallschäden geprüft zu werden. Dabei spielt das Schadmeldebuch für die Fehlererkennung eine wichtige Rolle und die Zeit, die für die Erstsichtung benötigt wird, verkürzt sich dadurch.

Mit einem Schadmeldezettel wird das Fahrzeug in der Halle 25 wieder abgegeben. Anhand dieses Zettels wird über ein entsprechendes Computerprogramm eine Störmeldung für einen Instandsetzungsauftrag erstellt.

Bild 148: Reinigung eines Transportpanzers

Ihre Kraftfahrer sind sicherlich an Auflagen gebunden, die einen Soldaten nicht betreffen. Ich denke dabei zum Beispiel an die Lenk- und Ruhezeiten. Für Militärkraftfahrer können diese auf dem Truppenübungsplatz aufgehoben werden. Unsere Militärkraftfahrer dürfen bei eingeschränkter Sicht bzw. bei Dunkelheit auch ohne Licht und mit Nachtsehgeräten fahren. Wie sieht das bei Ihren Fahrern aus?

Das geht mit unseren Fahrern natürlich nicht. Wir sind für das Fahren mit LKW natürlich an die gesetzlichen Lenk- und Ruhezeiten sowie an das Arbeitszeitgesetz gebunden. Die Lenk- und Ruhezeiten sind eigentlich nicht das Problem, unsere Herausforderung ist das Arbeitszeitgesetz. Hier die Gesetze einzuhalten ist die Aufgabe, vor allem darf der Schiedsrichter bzw. die Übungstruppe dadurch nicht eingeschränkt werden!

Das ist uns aber in der Vergangenheit hervorragend gelungen. Da unsere Fahrer Teil eines Teams sind, werden sie von Ausbildern und Schiedsrichtern auch entsprechend geführt. Der Fahrer ist nicht nur der Fahrer, er unterstützt den Soldaten in allen möglichen Situationen. Zum Beispiel unterstützt er bei der Vorbereitung der Stationen oder wird teilweise sogar als Zivilist in darstellender Funktion eingesetzt.

Unsere Kraftfahrer fahren selbstverständlich, wenn gefordert, bei Nacht mit Nachtsichtgerät und Tarnlicht. Da machen wir als „Zivilist" natürlich keine Ausnahme! Allerdings bedarf dieses alles umfangreicher Schulungen und Einweisungen durch uns, bevor ein Fahrauftrag erledigt werden darf.

Und das erforderliche Aus- und Weiterbilden ist fester Bestandteil unserer Aufgaben.

Bild 149: Abstellfläche der Rad- und Kettenfahrzeuge im Technischen Bereich

Ein weiterer Bereich ist der **Materialservice**. Hier wird die Materialerhaltung für Fahrzeuge, Waffensysteme und Funk sowie die Betreuung eines zentralen Warenlagers und die zugehörige Materialbeschaffung sichergestellt. Dipl.-Ing. (FH) Jörg Rahmlow ist Abteilungsleiter der Instandsetzung und mit seinen Mitarbeitern für die Wartung und Instandsetzung der gepanzerten und ungepanzerte Fahrzeuge verantwortlich. Herr Rahmlow hat wie viele andere Beschäftigte des Unterstützungsbereiches eine vormilitärische Ausbildung und war zuletzt Technischer Stabsoffizier beim PzBtl 413. Von 1991 bis 2008 war er im nationalen und internationalen Bereich als Kundendienstingenieur für eine große Instandsetzungsfirma in Deutschland tätig.

Herr Rahmlow, wie gliedert sich Ihr Bereich?

Insgesamt gibt es vier Bereiche, die von mir geführt werden. Zum Ersten ist da die Instandsetzungsführung mit ihrer Disposition. Hier werden unter anderem die Ersatzteilbeschaffung und die Steuerung der Instandsetzungsaufträge mit entsprechenden Computerprogrammen koordiniert und umgesetzt. In drei weiteren Teams, denen jeweils ein Meister vorsteht, werden die anderen Bereiche wie gepanzerte Rad- und Kettenfahrzeuge, Radfahrzeuge und Waffen/Fernmeldegerät instandgesetzt. Mit vier weiteren Mitarbeitern werden die Werkstattbetreuung und Schlosserarbeiten sowie diverse Schweißarbeiten durchgeführt.

Bild 150: Instandsetzungshalle

Herr Rahmlow, würden Sie uns die Aufgaben dieser Teams beschreiben?

Das Team gepanzerte Rad- und Kettenfahrzeuge arbeitet wie die anderen Teams mit speziellen Gruppen an unterschiedlichen Fahrzeugen, zum Beispiel Kampfpanzer Leopard, Schützenpanzer Marder oder gepanzerte Radfahrzeuge. *Ein weiteres Team ist für die Radfahrzeuge zuständig. Zu diesem Gerät gehören Fahrzeuge vom Smart bis zum LKW. Auch alle Anhänger, Stromaggregate und sonstige militärische Geräte werden hier gewartet, gepflegt und instandgesetzt.*

Bild 151: Instandsetzungshalle

Ein weiterer Bereich besteht aus den Handwaffen, Waffenanlagen für Panzer und sonstige militärische Fahrzeuge sowie Fernmeldeanlagen. In diesem Team werden die Handwaffen und Panzerabwehrhandwaffen in einer Werkstatt instandgesetzt und in einer separaten Waffenkammer zwischengelagert. In der gleichen Werkstatt werden auch die Funkgeräte und das entsprechende Zubehör repariert und gewartet.

Wo hört die Instandsetzung in Ihrer Werkstatt auf?

Wir führen in der Regel keine Baugruppeninstandsetzung durch, was bedeutet, dass wir Teile, die defekt sind, ganz austauschen. Aber auch Teile, für die Spezialwerkzeuge benötigt werden und die wir nicht haben, müssen wir dem Hersteller zur Reparatur schicken oder neu beschaffen.

Meine Mitarbeiter sind aufgrund ihrer jahrelangen Erfahrung, Fachwissen und der ständigen Aus- und Weiterbildung befähigt, die meisten Reparaturen an Fahrzeugen und Geräten selbst durchzuführen.

Herr Rahmlow, wenn Sie gerade von Ausbildung sprechen, bilden Sie auch Ihren Nachwuchs selbst aus bzw. kann man bei Ihnen auch eine Ausbildungslehre machen?

Nein, eine Lehre kann man aus mehreren Gründen nicht bei uns machen. Aber in zeitlichen Abständen bieten wir immer wieder Praktika für Schüler und Berufssuchende an.

Wie kann man sich den Verfahrensablauf vom Ausfall eines Fahrzeuges bis zur Instandsetzung vorstellen?

Grundsätzlich sei gesagt, dass wir mindestens eine 80%ige Einsatzbereitschaft der Fahrzeuge garantieren. Dazu gibt es Fahrzeuge, die bereits an die Truppe (nicht Übungstruppe, sondern eigene Truppe) ausgegeben sind und als Ersatz sofort zur Verfügung stehen. Sollte ein Fahrzeug in der Übung ausfallen, wird das zunächst mit einer Standortmeldung an den Leitungsdienst in der Zentrale gemeldet. Wenn möglich, werden weitere Details gemeldet, die für die Instandsetzung wichtig erscheinen.

Der Leitungsdienst meldet den Ausfall an das Lagezentrum des Unterstützungsbereiches, der wiederum die Instandsetzung über uns einleitet. Je nach Art und Schaden des Fahrzeuges fahren dann die entsprechenden Arbeiter der zuständigen Teams zum Ausfallort. Dies kann mit einem Radfahrzeug oder mit einem Bergepanzer für eventuelles Abschleppen von Panzern geschehen. Wenn wir den Mangel nicht sofort abstellen können, wird das Ersatzfahrzeug freigegeben. Oder die Truppe kann bis zur Einsatzbereitschaft des ausgefallenen Fahrzeuges warten.

Bild 152: Reparatur eines Transportpanzers

Eine weitere Serviceleistung besteht darin, dass die Soldaten im Rahmen der Eigenausbildung auf Truppenübungsplätzen der Bundeswehr außerhalb des GefÜbZH durch Instandsetzungsteams begleitet werden. Diese Teams sorgen dafür, dass Mängel beim Schießen, Funken und Fahren sofort abgestellt werden können. Nach meinem Gespräch mit Herrn Rahmlow hatte ich bei einem Gang durch die Werkstatthalle die Möglichkeit mich von den umfangreichen Instandsetzungsaufgaben zu überzeugen. Mir fiel auf, dass es im gesamten Bereich äusserst sauber war. Herr Rahmlow kommentierte das mit den Worten:

„Ein sauberer Arbeitsplatz ist für die Instandsetzungsaufgabe unverzichtbar.

Ein Schlosser muss keine schmutzigen Hände haben."

Bild 153: Radfahrzeug in der Instandsetzungshalle

An der Spitze der Rheinmetall Dienstleistungszentrum Altmark GmbH (RDA) steht Jens Heusmann. Er ist der **Geschäftsführer** und zeichnet für den gesamten Bereich verantwortlich. Herr Heusmann war wie viele seiner Mitarbeiter Soldat und hier im GefÜbZH bereits in der Anfangsphase als Ausbilder eingesetzt gewesen. Nach seiner militärischen Laufbahn war er mehr als zehn Jahre im Bereich der Ausbildungsunterstützung tätig. Im Juni 2008 übernahm er die Geschäftsführung der RDA, die für den Betrieb des GefÜbZH beauftragt wurde.
Er ist verheiratet und hat vier Kinder, die ihn mit Sicherheit hin und wieder daran erinnern müssen, dass es noch mehr als die Arbeit gibt.

Herr Heusmann, welche Ziele hatten Sie sich gesteckt, als Sie den Posten des Geschäftsführers angenommen haben und sind diese in Erfüllung gegangen?

Ich hatte sehr viele kleine Ziele, die sehr ausführlich zu betrachten wären. Aber insgesamt war es mir wichtig, alles Mögliche dafür zu tun, damit meine Mitarbeiter weiterhin zufrieden sind und ein gutes Gefühl haben, wenn sie Tag für Tag an ihren Arbeitsplatz kommen.

Ich wollte im Rahmen eines kontinuierlichen Verbesserungsprozesses die Qualität der Arbeitsplätze, aber auch die der Dienstleistung weiter entwickeln. Damit sich insgesamt die Zufriedenheit derer, die unsere Leistungen in Anspruch nehmen, steigert, was sich dann auf die Motivationslage aller auswirkt.

„Im Mittelpunkt steht der Kunde!“

Die bis heute erreichten Ziele konnte ich im Rahmen des starken Teams, das ich führen darf, in enger Zusammenarbeit insbesondere mit den militärischen, aber auch zivilen Bereichen voll erreichen.

Wie beurteilen Sie die Zusammenarbeit mit den militärischen Bereichen?

Als erfolgreich und bewährt, denn sie ist die wesentliche Grundlage für den Erfolg des Betreibermodells GefÜbZH.

Ich halte die enge Zusammenarbeit zwischen der Bundeswehr und Industrie im Rahmen der Betrachtung von zukünftigen erforderlichen Ressourcen und Kapazitäten mit einem entsprechenden Flexibilitätsgrad nicht nur für zukunftsträchtig, sondern auch für richtungsweisend.

Für mich ist es dabei wichtig, dass Verantwortungsbereiche klar abgegrenzt und die Schnittstellen präzise beschrieben sind. Die Beziehungen zu den einzelnen Tätigkeitsfeldern meines Verantwortungsbereichs sind sehr komplex. Jeder Bereich hat seine spezifischen Herausforderungen und Eigenarten. Ein hohes Kooperations- und Kommunikationsniveau im Bereich der Führungskräfte wie auch bei allen Mitarbeitern ist für mich tägliche und ständige Praxis.

„Ich kann mich immer auf alle verlassen!"

Glauben Sie, dass Ihr Bereich, so wie er zurzeit gegliedert und personell aufgestellt ist, den Anforderungen in Zukunft entsprechen kann? Oder müssten in der Struktur und den Planungsabläufen Änderungen stattfinden?

Ich stelle fest, dass der industrielle Betreiber, die RDA, optimal auf die aktuellen Betriebserfordernisse des GefÜbZH abgestimmt ist. Dort wo wir Flexibilität brauchen, haben wir sie auch. Die zukünftige Ausrichtung des GefÜbZH, die ich heute abschätzen kann, ist durch die beiden erstgenannten Punkte im Rahmen der jetzigen Prozesse voll erfüllbar.

Das heißt: Wir sind bereits heute für zukünftige Szenarien und Konstellationen bestens aufgestellt. Auch die erwähnte Flexibilität, die man braucht und auch in den vergangenen fünf Jahren brauchte, kann ich schon heute als zukunftssicher bezeichnen.

Herr Heusmann, oft entsteht der Eindruck, dass Teile des Systems (Technik) nicht mehr zeitgemäß sind. So denke ich zum Beispiel an die großen und schweren 12-Volt-Akkus oder an die Körperausstattung der Soldaten. Kann der industrielle Betreiber das ändern?

Grundsätzlich ist die Duell- und Wirksimulation die einzige Möglichkeit Ausbildung realistisch nachzustellen. Bei dem verfügbaren Equipment für Personal und Fahrzeuge handelt es sich um Wehrmaterial, das wir von der Bundeswehr übernommen haben. Dieser Sachverhalt ist durch den Betreiber nicht zu verändern. Gleichwohl ist es in den vergangenen 20 Jahren zu erheblichen Qualitätsverbesserungen auch bei den von Ihnen genannten Teilen gekommen. Das Einführen und Beschaffen dieses Gerätes erfolgt in Verantwortung der zuständigen Behörden. Wir sind hier zuständig für Betrieb und Betreuung ausschließlich der von der Bundeswehr eingeführten Systeme.

Ein weiteres Element des Unterstützungsbereiches ist, wie bereits eingangs erwähnt, das Objektmanagement Altmark des Bundeswehr-Dienstleistungszentrums (BwDLZ) Burg. Es ist fester Bestandteil der Bundeswehr und war uns in den vergangen Jahren unter dem Begriff „Standortverwaltung“ bekannt.

Bild 154: Gebäude des Objektmanagements Altmark

Regierungsamtsrat Klaebe ist Leiter des Objektmanagements Altmark, seit 2004 ist er im GefÜbZH tätig und rundet die nicht militärischen Aufgaben des Unterstützungsbereichs im GefÜbZH ab. Hier werden alle noch fehlenden Aufgaben, die das Rad am Laufen halten, abgedeckt. Doch ich denke, Herr Klaebe kann am besten selbst darstellen, um welche Aufgaben und deren Umsetzung es hier geht.

Herr Klaebe, welche Aufgaben hat das Objektmanagement Altmark bezüglich der Übungsdurchgänge?

Unsere wesentlichen Aufgaben seitens des Objektmanagements Altmark bestehen in der Betreuung der übenden Truppe. Dies bedeutet, dass bei jedem Übungsdurchgang die Infrastruktur des Feldlagers Planken sowie des Biwakraumes Born an die übende Truppe übergeben bzw. wieder von der Truppe zurückübernommen werden muss. Unter Infrastruktur versteht man sämtliche Unterkunftsgebäude, Stabsgebäude, das Duschhaus und die Dusch- und

Toilettencontainer. Diese Übergaben bzw. Rücknahmen finden alle zwei Wochen jeweils an den Wochenenden statt.

Der technische Betriebsdienst ist im Zusammenhang mit der Unterbringung der übenden Truppe gefordert, sämtliche Gebäude auf ihre Sicherheit zu überprüfen (Strom, Wasser). Es kommt oftmals durch die übende Truppe zu Schäden, die unmittelbar während oder nach dem Durchgang repariert werden müssen. Auch die bereits genannten Duschcontainer müssen überprüft und gewartet werden. Die Waschanlagen (Kfz-Wäsche und Panzerwaschanlage) ist jeweils zum Übungsende an jedem zweiten Wochenende von Freitag bis Sonntag gefordert. Waschzeiten sind in der Regel von 7:00 bis 22:00 Uhr und bei Bedarf auch länger.

Die Geländebetreuungsgruppe ist zunehmend neben den täglichen Mäharbeiten für bestimmte Szenarien und Lagen im Rahmen von Übungen gefordert. So werden z. B. Barrikaden für die Ausbildung und Übungen gebaut und hergerichtet. Das beinhaltete den Transport von Schrottautos, den Bau von großen Wällen oder die Aufschüttung von Betonteilen für Straßensperren.

Gibt es Unterschiede zwischen dem BwDLZ hier beim GefÜbZH und anderen Standorten, und wenn ja, welche sind das?

Meines Erachtens gibt es Unterschiede. BwDLZ ohne Truppenübungsplätze haben keinen Kontakt mit der übenden Truppe und somit nicht die zeitliche Belastung wie meine Mitarbeiter.

Meine Mitarbeiter sind alle 14 Tage jeweils Freitag bis Sonntag im Dienst gefordert. Dies betrifft die Kollegen in der Liegenschaftsverwaltung sowie die Kollegen in der Waschanlage. Dadurch kommt es zu einer Vielzahl von Überstunden, die während der Woche (wenn möglich) in Form von Freizeitausgleich abgegolten werden können. Diese Mitarbeiter fehlen mir dann in der Woche, sodass ich ständig gefordert bin Abwesenheiten der Mitarbeiter zu kompensieren. Von Urlaub oder Krankheit ist dabei noch keine Rede.

„Meine Mitarbeiter sind durchweg hoch motiviert.“

Arbeitszeiten wie bei anderen BwDLZ sind bei uns nicht alltäglich. Meine Mitarbeiter verfügen durchschnittlich über ein Zeitguthaben von ca. 100 Stun-

den!! Dies ist der oben genannten Belastung geschuldet, aber auch der leider geringen Personalstärke (Krankheitsfälle, Mitarbeiter im Auslandseinsatz), was sich in Zukunft aber ändern soll.

Auch die Vielzahl von Veranstaltungen (Salchau-Tag, Besuche von Politikern, Camp gegen das GÜZ etc.) finden bei anderen BwDLZ nicht statt.

Ich kann mir gut vorstellen, dass die enorme Munitionsbelastung des TrÜbPl Altmark für Ihre Mitarbeiter der Geländebetreuung immer wieder ein Thema sein muss.

Wie gefährlich ist die Arbeit Ihrer Mitarbeiter, die Tag für Tag auf dem Truppenübungsplatz die Geländebetreuung umsetzen?

Die Gefahr durch die Munitionsbelastung ist, wie Sie richtig erkannt haben, ein ständiges Problem. Aus diesem Grund wurden in der Vergangenheit sämtliche Fahrzeuge der Geländebetreuung mit Schutzeinrichtungen versehen. So wurden bei den Fahrerhäusern Spezialglas (Panzerglas) eingesetzt und Stahlplatten an den Unterböden der Fahrzeuge angebracht. Bei den Mähern wurden starke Gummimatten am Mähwerk angebaut, um eventuelle Splitterwirkungen bei Detonationen von Sprengkörpern auf den Fahrer zu vermeiden.

Herr Klaebe, wie funktioniert die Zusammenarbeit mit der Industrie?

Die Zusammenarbeit mit dem industriellen Betreiber gestaltet sich als reibungslos. Schnittstellen gibt es vorwiegend bei der Unterbringung der Übenden Truppe. Sind die Kameraden in Zelten untergebracht, ist RDA zuständig, bei festen Unterkünften das Objektmanagement Altmark. Dabei kommt es bei logistischen Einweisungen zu Absprachen zwischen dem Objektmanagement Altmark und RDA.

Ich möchte noch einmal auf die Aufgaben des Objektmanagements Altmark zurückkommen und Sie bitten, mir noch etwas mehr darüber zu erzählen.

Durch das Objektmanagement Altmark werden alle Tätigkeiten in den Bereichen des technischen Betriebsdienstes, der Liegenschaftsverwaltung, der Geländebetreuung und der Truppenküche sichergestellt. Diese Tätigkeiten beinhalten sämtliche Hausmeisterdienste, den Betrieb und die Unterhaltung der Infrastruktur und aller technischen Anlagen in der Altmark-Kaserne und auf dem Truppenübungsplatz.

Darüber hinaus ist das Objektmanagement Altmark für den Betrieb und die Unterhaltung der Truppenküche zuständig sowie für die Pflege der gärtnerischen Anlagen in der Kaserne und auf den Freiflächen des Truppenübungsplatzes.

Die Aufgaben der Liegenschaftsverwaltung umfasst die Verwaltung und Bewirtschaftung aller Liegenschaften. Dazu gehört die Bereitstellung von Unterkünften und der notwendigen Liegenschaftsgeräte für das Stammpersonal des GefÜbZH und der übenden Truppe. Aber auch die alltägliche Versorgung mit Verbrauchsmaterial sowie Seife, Toilettenpapier etc. gehört zu diesen Aufgaben.

Das Betreiben der Tankstelle, Kraftfahrzeug- und Panzerwaschanlage sowie alle Hausmeisterdienste bis hin zu kleineren Reparaturen sind Bestandteile der Liegenschaftsverwaltung.

Die Aufgaben des technischen Betriebsdienstes sind der Betrieb und die Unterhaltung der Infrastruktur sowie der technischen Anlagen. Auch die Unterstützung bei der Herstellung von Ausbildungsmaterialien für die Ausbildung der Übungstruppe ist eine ständige Aufgabe. Reparaturen aller Art durch Fachhandwerker oder Beauftragung von Zeitvertragsfirmen sowie die Organisation des Bauunterhaltes des jeweiligen Haushaltsjahres werden hier koordiniert und durchgeführt.

„Ohne Mampf kein Kampf“ war früher immer wieder aus den Mündern der Soldaten zu hören und das hat sich bis heute nicht geändert. Da ich selbst täglich an der bereitgestellten Truppenverpflegung teilnehme, bleibt mir an dieser Stelle nur eines zu sagen:

„Das Essen ist gut und abwechslungsreich, wir sind mehr als zufrieden.“

In der Truppenküche wird fast täglich Verpflegung für bis zu 800 Verpflegungsteilnehmer bereitgestellt. Aber auch Sonderessen im Rahmen von Besuchen und Veranstaltungen sowie das alljährliche Abschlussessen für alle Soldaten der Altmark-Kaserne zu Weihnachten ist immer wieder ein Auftrag, den unsere Köche und Küchenangestellten zu bewältigen haben. Wie bereits erwähnt, haben die Männer und Frauen der Geländebetreuung den gefährlichsten Arbeitsplatz.

Herr Klaebe, vielleicht können Sie mir noch etwas mehr über die Aufgaben der Geländebetreuung sagen und darüber, warum dieser Bereich so wichtig für die Durchführung der Übungen ist?

Die gärtnerische und landwirtschaftliche Geländebetreuung ist für die Übungen unverzichtbar. Wie Sie wissen, schießen unsere Soldaten mit Laser. Wir müssen daher für ein entsprechendes Schussfeld sorgen, damit der Laser nicht Meter für Meter behindert wird.

Aber auch die Instandhaltung bzw. Instandsetzung der Straßen und Wegenetze auf dem Truppenübungsplatz hält meine Männer Tag für Tag auf Trapp. Die Straßenreinigung und der Winterdienst in der Altmark-Kaserne, im Feldlager Planken und auf dem TrÜbPl Altmark sind Arbeiten, die der Sicherheit unserer Soldaten und zivilen Angestellten dienen und daher sehr ernst genommen werden.

Am Ende der Geländebetreuung bleibt mir nur noch, die Instandsetzungsarbeiten am eigenen Großgerät wie zum Beispiel an Traktoren und Radladern zu erwähnen.

Bild 155: Die Geländebetreuung bei Mäharbeiten auf dem TrÜbPl Altmark

Die Feuerwehr

Bild 156: Die Feuerwehr bei Löscharbeiten während einer Übung

Wo mit Pyrotechnik geübt wird, entstehen logischerweise Brände, und das Unfallpotenzial ist nicht zu unterschätzen. Daher hat die Bundeswehr dem GefÜbZH eine Berufsfeuerwehr zur Aufrechterhaltung der Sicherheit zur Verfügung gestellt. Das ganze Jahr über stehen diese Männer 24 Stunden täglich in den Startlöchern, um bei Gefahren sofort auszurücken.

Hauptaufgabe der Feuerwehr ist es, Menschen zu retten, technische Hilfeleistung zu gewährleisten und die zahlreichen Brände, insbesondere in den Sommermonaten, zu bekämpfen. Darüber hinaus leistet die Feuerwehr Amts-und nachbarschaftliche Löschhilfe in der Region.

Doch nicht nur auf dem Truppenübungsplatz hat die Feuerwehr Aufgaben zu bewältigen, denn auch die Sicherheit innerhalb der Kaserne ist eine ihrer Aufgaben. So stellt sie die Umsetzung der Brandschutzverordnungen sicher und ist darauf vorbereitet, bei Gefahren gemäß festgelegter Prioritäten Brandbekämpfung innerhalb der Kaserne durchzuführen.

Der Truppenübungsplatz Altmark

Der TrÜbPl Altmark bietet der Übungstruppe mit seinen 230 km² eine gute Ausbildungsinfrastruktur, um die entsprechenden Szenarien für das Erreichen der Ausbildungsziele sicherzustellen. Hierbei greifen wir auf Ressourcen zurück, die bereits vorhanden waren oder neu aufgebaut wurden. Auf den im Anschluss dargestellten Bildern sind einige Ausbildungsanlagen, die durch die Übungstruppe im Verlauf der Einsatzgefechtsübung Teil 1 genutzt werden, abgebildet. In der Einsatzgefechtsübung Teil 2 hingegen wird fast der gesamte Übungsplatz genutzt.

Bild 157: Ausbildungsdorf Salchau

Bild 158: Ausbildungsdorf Hottendorf

Bild 159: Ausbildungsdorf Plattenhausen

Bild 160: Ausbildungsplatz Grenzstation

Da ich zum größten Teil im Innendienst tätig bin, bleibt mir der Übungsplatz leider immer etwas fremd. Jedes Mal, wenn ich zum Erkunden hinausfahre, sehe ich etwas Neues, was mich immer wieder zum Nachdenken anregt, seien es die zahlreichen zerstörten Bunkeranlagen, die sich an der Haupttrasse entlangziehen, die alten Gebäude aus der Nutzungszeit der Heeresversuchsstelle oder die zahlreichen Spuren aus der sowjetischen Besatzungszeit.

Jedes Mal, wenn ich vor solchen Zeitzeugen stehe, stelle ich fest, dass sich die Natur nach und nach alles wieder zurückholt. Die alten Ruinen scheinen im Erdboden zu versinken, Gras und Moos wächst darauf und lässt teilweise nur noch vermuten, dass hier einmal ein Gebäude stand. Mit den folgenden Bildern möchte ich Sie mit auf eine kurze Reise quer über den Truppenübungsplatz nehmen, um Ihnen einen Eindruck von diesen Zeitzeugen und den besonderen Plätzen zu vermitteln.

Bild 161: Abstellhallen in der ehemaligen Garnison Hillersleben

Bild 162: Ausbildungsplatz alter Bahnhof

Bild 163: Blick auf die ehemalige Kaserne in Hillersleben

Bild 164: Bunkereingang auf dem TrÜbPl Altmark

Im November 2012 stand ich mit Herrn Dr. Kleemann und anderen Herren in der ehemaligen Ortschaft Schnöggersburg. Als Dr. Kleemann erzählte, wo welches Gebäude stand, fing ich an, Schnöggersburg in Gedanken wieder aufzubauen. Ich stellte mir vor, wie es gewesen sein musste, aus seiner Heimat vertrieben zu werden.

„Heimat ist mehr als nur ein Stück Land."

Bild 165: Blick auf die Grundmauer des ehemaligen Stallgebäude in Schnöggersburg

Bild 166: Ruine eines Wohnhauses im ehemaligen Schnöggersburg Nov 2012

Ich weiß noch, wie ich als Streife die ganze Nacht lang auf dem Platz unterwegs war. Mit maximal 30 km/h fuhren wir in Pirschfahrt über den schier endlos langen Platz. Überall Natur, die sich in verschiedenen Facetten in der Heide widerspiegelte.

Bild 167: Blick auf den Krickenten-Soll

Riesige Wildschweine und Hirsche kreuzten unseren Weg, als würden sie uns nicht zur Kenntnis nehmen. Und wenn wir stillstanden, hörten wir die Natur aus allen Richtungen rufen. Es waren unter anderem der Wind, der durch die Heide pfiff, oder auch Hirsche, die laut auf sich aufmerksam machten.

Bild 168: Blick auf den Sibow-Soll

Im Laufe des Tages kam die Übungstruppe dazu, die sich in großen und kleinen Gruppen auf dem gesamten Platz verteilt hatte. Eigentlich wurden die Soldaten und ihre Fahrzeuge von der Natur „geschluckt" und man musste schon genau hinsehen, um sie aufzuklären.

Bild 169: Panzer in der Colbitz-Letzlinger Heide während einer Übung

Ich war schon auf vielen Truppenübungsplätzen, aber ich muss zugeben, die Colbitz-Letzlinger Heide ist etwas ganz Besonderes. Ich hoffe sehr, dass in naher Zukunft der Platz so weit von Munition geräumt ist, dass auch der Zivilbevölkerung die Gelegenheit gegeben werden kann die Heide zwischen den Übungen gefahrlos zu betreten.

Bild 170: Luftbild des TrÜbPl Altmark

Die Technik

Aufgrund der Technik ist das GefÜbZH eine effiziente Ausbildungseinrichtung in der Truppe. Bis auf der Ebene eines verstärkten Bataillons kann unter Beachtung folgender Punkte geübt werden.

1. Realistische Handhabung und Waffenwirkungen
Das heißt, dass der Soldat mit seiner Waffe übt, wie er kämpft. Alle Maßnahmen mit Waffen und Gerät werden weitestgehend 1:1 umgesetzt. Kein Schuss fällt ohne richtige Ladetätigkeit und Handhabung der Waffe. Manövermunition und pyrotechnische Munition sind die Voraussetzung für den Duellbetrieb im Gefecht.

2. Transparenz und Reproduzierbarkeit
Nahezu alle Übungstätigkeiten können mit dem System verfolgt und immer wieder abgerufen werden. Jede Position eines Soldaten oder Fahrzeugs ist ständig verfügbar. Alle Funkgespräche werden ununterbrochen aufgezeichnet und können jederzeit wiedergegeben werden.

3. Zielgerichtete Auswertung
Der Truppe kann an jedem Ort auf dem Truppenübungsplatz mithilfe der Technik den Gefechtsverlauf darstellen. Mithilfe von unwiderlegbaren Bildern (Schnappschuss, Video oder Lagereplays) kann mit der Truppe die Übung innerhalb kürzester Zeit ohne großen Aufwand besprochen werden. Immer wenn wir von Technik sprechen, dürfen wir nicht vergessen, dass dahinter Menschen stehen. Auf der einen Seite der übende Soldat, der ständig überwacht wird, auf der anderen Seite der Beobachter, der alles sehen und hören kann. Fehler können auf beiden Seiten entstehen und müssen auch allen zugestanden werden. Eine große Verantwortung lastet auf den Soldaten, die in der Auswertung mithilfe dieser Technik den übenden Soldaten ihre Fehler aufzeigen können.

„Alles zu sehen bedeutet nicht alles zu wissen.

Alles zu wissen bedeutet nicht alles zu sehen.“

Die Technik besteht aus der Leitungs- und Auswertezentrale, der Gefechtsfeldinstrumentierung, dem Ausbildungsgerät Duellsimulator, der Schiedsrichterausstattung und der notwendigen Funkanbindung. Mithilfe der Technik ist es möglich den ***„gläsernen Soldaten“*** auf dem Gefechtsfeld zu schaffen.

Ich möchte versuchen, mit einigen Worten das Leistungsvermögen unserer Technik zu erläutern und beginne mit dem „Ausbildungs – Gerät – Duell – Simulator“ (AGDUS). Das aus mehreren Komponenten bestehende Gerät unterstützt die Soldaten vor allem bei der Gefechtsausbildung. Je nach der Funktion des Soldaten wird er mit der Ausbildungsausstattung Personal ausgerüstet. Sie besteht aus der Ausstattung für die jeweilige Waffe des Soldaten, aus der Personalausstattung mit Helm- und Körpergurt, Handgranaten-Sensorik, Batterie für die Stromversorgung und der Teilnehmereinheit.

Bild 171: Sendeeinheit Waffe (MG)

Bild 172: Körper-/Helmgurt und Auswerteelektronik

Bild 173: Teilnehmereinheit

Bild 174: Panzergrenadiere mit AGDUS

Die Teilnehmereinheit gehört zu jeder Ausstattung, egal ob Soldat oder Fahrzeug, und ist als Herzstück verantwortlich für die Datenübertragung.

Die Ausstattung „Waffe“ ist für das Simulieren des Schusses verantwortlich und kann bis zu 4.000 m zum Beispiel beim Kampfpanzer mit einem Laser der Klasse 1 (augensicher) genutzt werden. Die „Körperausstattung“, bestehend aus mehreren Reflektoren und Detektoren, dient als Referenz für den abgefeuerten Laser. Die Teilnehmereinheit ist für den Datenaustausch sowie für die Simulation von Kampfmitteln und Statusinformationen verantwortlich.

Bei der Verwendung der Technik soll nach dem Grundsatz gehandelt werden, dass der Soldat wie beim scharfen Schuss alle Maßnahmen durchführt, wie bereits im Punkt Realistische Handhabung und Waffenwirkung angesprochen.

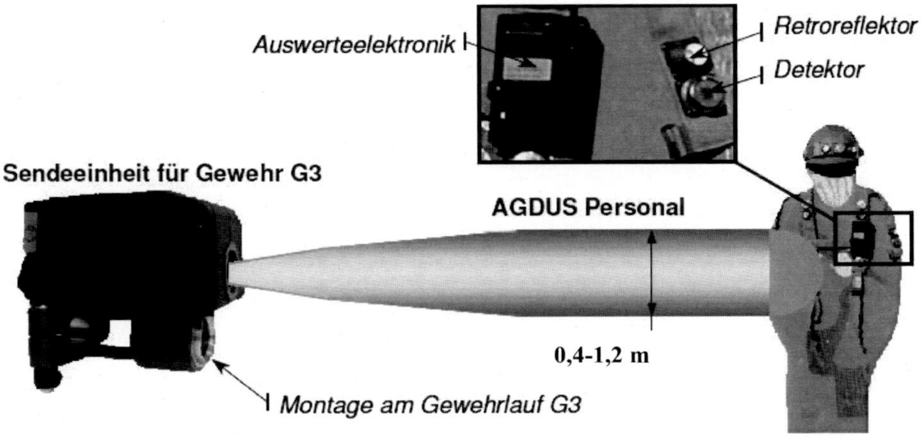

Bild 175: Darstellung der Funktion von AGDUS

Kurzbeschreibung der Funktion: Beim Abfeuern der Waffe wird ein Laserimpuls als Strahl auf das anvisierte Ziel gesendet. Dieser Strahl hat je nach Entfernung zum Ziel einen Durchmesser von 0,4-1,2 m. Die Detektoren nehmen den Impuls als Treffer auf und senden diese Information an die Auswerteelektronik. Die Auswerteelektronik errechnet das Verwundungsmuster und zeigt dieses dem Soldaten in Form einer Anzeige an. Gleichzeitig sendet sie die Daten an die Teilnehmereinheit zur Weiterleitung an die Zentrale. Die Retroreflektoren senden einen Impuls an die schießende Waffe zurück. Sodann wird die Entfernung zum Ziel errechnet (dies ist aber nur bei Zweiwegesystemen möglich, z. B. Sendeeinheit MG).

Wir sind in der Lage, jeden Soldaten oder jedes Fahrzeug mit AGDUS-Ausstattung auf dem gesamten Truppenübungsplatz mithilfe von GPS-Daten zu verfolgen und seinen derzeitigen Standort zu bestimmen.

Wir erkennen, ob der Soldat den Feuerkampf mit seiner Waffe führt, ob und wen er getroffen oder nicht getroffen hat. Wir erkennen, ob er selbst getroffen wurde und wie schwer seine Verwundung ist. Das System verhindert, dass der verletzte Soldat (entsprechend des Verwundungsmusters) weiter am Feuerkampf teilnehmen kann. Sollte der Soldat nicht in kürzester Zeit durch einen Sanitäter versorgt werden, dann fällt er komplett aus. Dieselben Vorgänge sind auch mit seinem Fahrzeug und mit den Bordwaffen möglich.

Der Simulationsmodus ermöglicht es bei einer Reihe von AGDUS-Systemen, diese auch ohne Munition zu nutzen. Dieser Modus wird jedoch ausschließlich in der Ausbildung genutzt. Während der Gefechtsausbildung und bei Übungen wird grundsätzlich der Duellmodus genutzt, um sicherzustellen, dass der Soldat alle erforderlichen Maßnahmen zur Bekämpfung seines Ziels korrekt und realitätsnah ausführt.

Die Unterschiede zwischen den Modi sind:

Ausbildungsmodus

- *Der Schütze bzw. die Bordwaffen der Fahrzeuge verfügen über eine unbegrenzte Munitionsmenge*
- *Manövermunition ist nicht erforderlich, kann aber genutzt werden*
- *Waffe schießt ohne Streuung*
- *Schussablage oder Treffer werden auf dem Bediengerät angezeigt*
- *Automatische Reaktivierung nach zehn Sekunden*
- *Alle Aktionen und Ergebnisse werden auf der Speicherkarte für die Nachbereitung und Auswertung gespeichert*

Duellmodus

- *Munitionsvorrat bis zur maximalen Kampfbeladung der jeweiligen Waffe verringert sich auf der Speicherkarte*
- *Schussabgabe ist bei Ausfall durch Beschuss nicht mehr möglich*
- *Reaktivierung des ausgefallenen Soldaten oder eines Fahrzeugs ist nur durch einen Schiedsrichter oder durch Personal in der Zentrale möglich*

- *Ohne dass ein realer Schuss fällt (Manövermunition), geht nichts*
- *Alle Aktionen und Ergebnisse werden auf der Speicherkarte für die Nachbereitung und Auswertung gespeichert*

Um auch optisch anzuzeigen, ob ein Fahrzeug getroffen wurde, wird mit pyrotechnischer Munition und Kontrollleuchten der Ausfall für alle sichtbar angezeigt. So kann der Schießende erkennen, ob er sein Ziel getroffen hat.

Bild 176: Darstellung eines Ausfalls mit Pyrotechnik am Panzer

Grüne Leuchte bedeutet: Fahrzeug auf eine Mine gefahren.
Gelbe Leuchte bedeutet: Fahrzeug wurde von Artillerie bzw. Mörser beschossen.
Blinken der Referenzmodule: zeigt den Beschädigungsgrad des Fahrzeugs durch unterschiedliche Blinkstufen an.

Bild 177: Panzermine

Bild 178: Schützenmine

Bild 179: Darstellung Abschuss einer Panzerabwehrwaffe

Auch Minen sind Bestandteil der AGDUS-Familie und wirken sich auf Soldaten und Fahrzeuge realitätsnah aus. Darstellung eines Abschusses TOW mit Pyrotechnik (Bild 179).

In der Leitungs- und Auswertezentrale laufen alle Daten zusammen. Über Lichtwellenleiterkabel werden diese gesammelt und aufbereitet. Ein Arbeitsplatz *(Bild 180)* ist mit vier Monitoren ausgestattet. Die beiden Bildschirme in der Mitte dienen zur Darstellung des Lagebildes. Hier lässt sich die Position jedes Übungsteilnehmers und Fahrzeugs mit AGDUS-Ausstattung verfolgen.

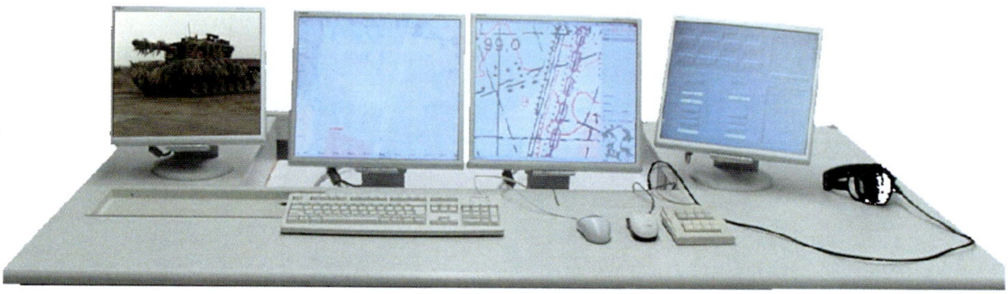

Bild 180: Arbeitsplatz in der Zentrale

Auf dem rechten Monitor sind alle Funkkreise abgebildet, die Funkgespräche lückenlos aufzeichnen. Diese können bei Bedarf abgerufen werden.
Der linke Monitor dient der Videoüberwachung. Es ist möglich, fünf Videobilder live oder zeitversetzt anzuzeigen. Mithilfe der Technik können diese Videos bearbeitet und für Besprechungen aufbereitet werden.

Bild 181: Alles hat seine Grenzen!

„Irgendwann kommt auch die Technik an ihre Grenzen."

Die acht Funkstationen bilden die Schnittstellen zwischen der Zentrale in der Kaserne und den Teilnehmereinheiten (TNE) der Soldaten und Fahrzeuge. Sie sind über den gesamten Truppenübungsplatz verteilt, per Lichtwellenleiterkabel *(Bild 182 links)* an die Zentrale angebunden und übertragen alle Daten von und zur TNE. Dies sind insbesondere die Positionsmeldungen der Teilnehmer, die Munitionsbestände, der Verwundungsstatus oder die Position von verschiedenen Wirkfeldern indirekter Waffen (z. B. Artillerie).

Darüber hinaus werden über die Funkstationen auch alle Truppenfunkkanäle in die Zentrale zur Überwachung und Auswertung des taktischen Funkbetriebs gesendet.

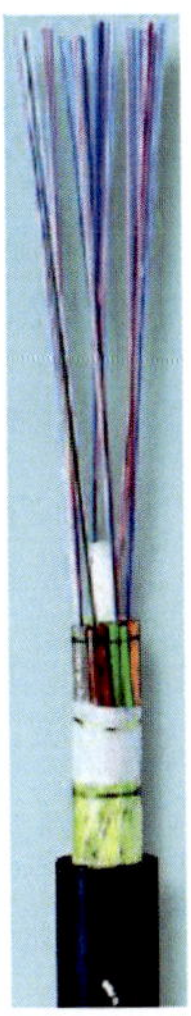

Bild 182: Lichtwellenleiterkabel und eine der acht Funkstationen

Für die Primärverkabelung werden spezielle Außenkabel oder Universalkabel verwendet. Diese bieten die üblichen Außenkabeleigenschaften wie

- nichtmetallischer Nagetierschutz,
- Längswasserdichtigkeit (IEC 60794-1-2-F5) zur Vermeidung der Weiterleitung eindringenden Wassers bei Kabelmantelbeschädigung,
- UV-Beständigkeit,
- Mikrobenbeständigkeit (direkte Verlegung im Erdreich möglich),
- LSZH-Eigenschaften (Low Smoke Zero Halogen) beim Einsatz in Gebäuden.

Internationale Übungstruppen

Im Juni 2006 übte erstmals die niederländische Armee mit ihrer 43. mechanisierten Brigade auf dem TrÜbPl Altmark. Unter Führung von Brigadegeneral Ton van Loonn wurden seine Einheiten, die zu den schnellen Einsatztruppen der NATO gehören (NATO Response Forces, NRF), in der Übung „Bison Evaluation" entsprechend zertifiziert. Dies war der Anfang einer jahrelangen guten Zusammenarbeit mit dem GefÜbZH.

Bild 183: Entladen eines Kampfpanzer der niederländischen Streitkräfte

Bild 184: Niederländische Soldaten während einer Übung.

Auch die österreichischen Soldaten sind immer wieder Übungsteilnehmer im Zusammenwirken mit deutschen Ausbildungskontingenten.

Bild 185: Österreicher bei der Ausbildung auf dem TrÜbPl Altmark

Um die Ausbildung CAS zu optimieren, waren eine Zeit lang amerikanische Truppen mit ihrem Hubschrauber Apache im GefÜbZH. So hatten die Soldaten, die für ihren Afghanistaneinsatz vorbereitet wurden, die Möglichkeit die Zusammenarbeit mit der Hubschrauberbesatzung zu üben.

Bild 186: Kampfhubschrauber Apache beim Überflug eines Übungsdorfes

Besucher

Grundsätzlich, kann jeder einen schriftlichen Antrag an den Leiter des GefÜbZH oder an die Besucherorganisation stellen, um das GefÜbZH zu besuchen. In den formlosen Anträgen sollten Besuchszweck sowie gewünschte Inhalte und Interessen aufgeführt sein. Die optimale Besucherzahl liegt zwischen 15 und 20 Personen. Die Besucherorganisation ist mit einem Offizier und einem Mannschaftssoldaten besetzt. Wegen des hohen Besucheraufkommens erhielt das Team Verstärkung durch einen Portepee-Unteroffizier und eine Mitarbeiterin des industriellen Betreiberst. Neben den besuchstypischen Aufträgen bereitet die Besucherorganisation auch Tagungen und Besprechungen vor.

Bild 187: Gästebuch des GefÜbZH

Der Leiter des GefÜbZH entscheidet darüber, ob ein Besuch durchgeführt wird. Dies ist überwiegend der Fall; meist wird in Abhängigkeit der Verfügbarkeiten von Kräften und Mitteln (Personal, Material, Zeit) sowie der derzeitigen Auftragslage entschieden. Zusätzlich wird der fachliche Rat des Sicherheitsoffiziers (S2) hinzugezogen. Bei Bedenken, die die militärische Sicherheit betreffen, kann von einer Genehmigung abgesehen werden. Besuche im Rahmen der Nachwuchsgewinnung werden mit dem Karriereberatungsoffizier der Bundeswehr abgestimmt.

Nachdem der Antragsteller die positive Entscheidung des Leiters erhalten hat, wird ein erster Entwurf des Programmablaufs erstellt. Etwa zwei Wochen vor dem geplanten Besuch werden die letzten Details wie Ankunftszeiten oder nötige Angaben für die Zugangsberechtigung abgesprochen. Ein Besucherprogramm schließt fast immer ein Grundsatzbriefing über das GefÜbZH ein. Weitere Programmpunkte können sein: Gefechtsfeldtechnik, Feuerwehr, Sanitätsbereich, Ausstellung GefÜbZH und eine Fahrt über den TrÜbPl Altmark (auch aus historischer Sicht). Für die Fahrt auf dem Truppenübungsplatz muss der Besucher über ein geeignetes Fahrzeug verfügen, wenn möglich, der Größe der Gruppe entsprechend (z. B. Bus). Das Ausfüllen und Unterzeichnen einer Haftungsverzichtserklärung ist dabei Voraussetzung! Im Jahr 2012 wurden etwa 120 Besucheranträge gestellt. Neben den bisher angeführten Besuchen kommen noch ca. 60 militärische Besuche mit zum Teil hochrangigen Personen aus dem In- und Ausland hinzu. Im Rahmen der Meldepflichten werden an die oberen Kommandobehörden bedeutende Inhalte der Gesprächsthemen sowie Statistiken gemeldet. Man kann sich sicherlich vorstellen, dass solch eine Ausbildungseinrichtung wie das GefÜbZH in der Öffentlichkeit wahrgenommen wird. Vor diesem Hintergrund ist es sicher nicht überraschend, dass zum Beispiel im Jahre 2012 über 2.000 Besucher zu verzeichnen waren. Davon stammten weniger als 450 aus dem militärischen Bereich, 127 waren ausländische Gäste, davon sechs VIP, und acht VIP aus dem zivilen Bereich, die das GefÜbZH besuchten.

Auch die ständige Ausstellung des GefÜbZH wurde im ersten Jahr seines Bestehens von ca. 300 zivilen Gästen aus der Region besucht. Unser letzter Fund im Dezember 2012 bestand aus mehreren Siebdruckplatten verschiedenster Art.

Bild 188: Siebdruckplatten aus Metall

Ich möchte einige unserer Besucher namentlich oder deren Institution bzw. Funktion benennen, um Ihnen zu zeigen, dass wir weit über die Landesgrenze von Sachsen-Anhalt hinaus wahrgenommen werden.

Unter den Besuchern im GefÜbZH waren die Bundeskanzlerin Angela Merkel, der Bundespräsident Horst Köhler, die Verteidigungsminister Struck, Jung, zu Guttenberg und de Maizière, die Verteidigungsminister aus Russland und Singapur, Minister und Staatssekretäre aus den verschiedensten Bereichen, Mitglieder des deutschen Bundestages, hochrangige Soldaten aus dem In- und Ausland, bis hin zum Generalinspekteur der Bundeswehr.

Ebenso zählen zu den Besuchern ausländische Delegationen aus aller Herren Länder wie zum Beispiel Polen, England, Brasilien, China, Korea, Pakistan, Türkei, Rumänien, Chile, Israel, USA, Australien, Afghanistan, Frankreich, Italien und viele mehr. Aber auch Institutionen und Organisationen, etwa die Johanniter-Unfall-Hilfe, das Fraunhofer-Institut, Sportvereine und Schulklassen, besuchen regelmäßig das GefÜbZH.

Bild 189: Russischer Verteidigungsminister im GefÜbZH 2012

Hauptmann Herzog ist der Personaloffizier (S1) des GefÜbZH und gleichzeitig Presseoffizier. Er beschäftigt sich bereits seit vielen Jahren mit der Geschichte des TrÜbPl Altmark und führt im Rahmen der Öffentlichkeitsarbeit sowie für militärische Besucher die Platzführung unter historischen Aspekten durch.

Herr Hauptmann, wenn Sie mit den Besuchern des GefÜbZH auf dem TrÜbPl Altmark unterwegs sind, an welche Orte bringen Sie diese und warum ausgerechnet dahin?

> *Die Anfahrtspunkte von Platztouren richten sich nach der verfügbaren Zeit für die Führung. In der Regel sind drei Stunden verfügbar und somit ist es logisch Anfahrtspunkte analog zum zeitlichen Ablauf dessen zu wählen, was später die HVS Hillersleben wurde. Da das, was auf dem Übungsplatz später erprobt wurde, teilweise bereits in den 20er-Jahren aufgebaut wurde (Oder-Warthe-Bogen), bietet es sich an, bei den Stahlkuppel-Segmenten (Bild 190) der Bunkeranlagen des OWB zu beginnen.*

Bild 190: Fundstück einer Stahlkuppel

Einen besseren Einstieg kann es nicht geben, da wegen der Imposanz und Seltenheit der Kuppelsegmente Aufmerksamkeit und Interesse erzeugt wird, auch bei denen, die bis dahin den Besuch im GefÜbZH unter der Überschrift

***„Ich komm einfach mal mit“** gesehen haben.*

Von dort aus bietet sich nach einer Grob-Einweisung in den Aufbau der Heeresversuchsstelle noch vor Ort an den Stahlkuppeln der Weg nach Hillersleben Bahnhof an. Auf dem Weg dorthin kann das Gesagte aus der Grob-Einweisung real im Gelände erkannt werden, was wiederum Interesse nach mehr weckt. Am

Bahnhof besteht die Möglichkeit (nach Absprache) in den gesperrten Bereich zu gehen oder im Bundeswehrbereich weitere Erklärungen zu geben. Der Komplex „Wehrmacht“ kann am Bahnhof abgeschlossen werden und 500 m weiter die Frage zur Zeit der GSSD im Unterkunftsbereich des PR-26 (gegenüber „Krankenhaus“) mit gleichzeitiger Besichtigung der Unterkunftsgebäude beantwortet werden. Nach einer Durchfahrt des alten Wehrmachtsarsenals ist das nächste Ziel der Ort des ehemaligen Wippengebäudes Süd (Bild 191) zur Erklärung der Ausbildungsmethode der GSSD-Streitkräfte. Wenn genügend Zeit vorhanden ist, kann man vorher die Schussfanganlagen der Feuerstellung Süd – ostseitig – besichtigen. Normalerweise folgt dem Besichtigungspunkt „Wippengebäude“ eine Fahrt über Salchau zum Hirschberg. Dort ist in der Regel mit einem Blick rundum ins Gelände die verfügbare Zeit zu Ende.

Bild 191: Ehemalige Ausbildungsstätte der sowjetischen Streitkräfte

Herr Hauptmann, was sind die häufigsten Fragen bei Ihren Führungen auf dem TrÜbPl Altmark?

Die meisten Besucher rechnen nicht damit, was sie bei der Führung sehen können und sind beeindruckt von der Fülle der Möglichkeiten, die der Platz bezüglich der Hinterlassenschaften bietet. Ich habe nicht den Eindruck, dass spezielle Fragen gehäuft gestellt werden. Die Fragen sind eher situationsbedingt.

Wie konnte man sich das Leben der jungen Soldaten in Hillersleben vorstellen?

Das Leben junger Soldaten war gekennzeichnet von den allgemeinen Begebenheiten des Dienstes in der Sowjetarmee. Je nach Dolmetscher und Übersetzung werden unterschiedliche Situationen geschildert.

- *Ausbildung unter Gefechtsbedingungen über das gesamte Jahr mit wenigen Pausen*
- *normale Dienstbelastung mit Freizeiten hauptsächlich am Wochenende*

Vermutlich liegt die Wahrheit irgendwo in der Mitte und ist abhängig von der Truppengattung der Soldaten.

Herr Hauptmann, welche Rolle spielte die ehemalige NVA auf dem TrÜbPl Altmark?

Die NVA war zu Übungen auf Regimentsebene, seltener auf Bataillonsebene auf dem Platz aktiv. Polygon Magdeburg war der zweitgrößte Übungsplatz in der DDR. Die NVA übte solo oder im Verband mit den GSSD-Einheiten.

Auf einer unserer Rundfahrten haben Sie mir den Sockel einer ehemaligen Radarstellung *(Bild 192)* gezeigt. Was hat es damit auf sich und können Sie etwas zu dem vermutlichen Zweck sagen?

Bild 192: Sockel der Radarstation bei Hillersleben

Was die Radarstellung betrifft, gibt es zwei Aussagen von Zeitzeugen:

- *Auf dem Dach des ersten Gebäudes südlich der Feuerstellung Süd (kleiner Dachbau) angeblich 1941.*
- *Betonsockel am Westrand* Feuerstellung Süd (an der Hauptstraße).

Mit der neuen Radartechnik, die direkt hinter den feuernden Geschützen stand, konnte man meines Erachtens die Höhe von Flugbahnen messen. Dies erscheint mir als logischste Variante des Gebrauchs dieser Technik.

Kapitel 5
Exkurs: Zeitzeugen

Interview mit Herrn Günter Lohann

Interview mit Elsbeth Marciniak

Zeitzeugen

Von Anfang an war es mein Bestreben, mich mit Menschen zu unterhalten, die in der Zeit meiner Geschichte gelebt haben. Dass ich dabei niemanden kennenlernte, der zur Kaiserzeit gelebt hat, war mir natürlich bewusst. Aber ich wollte unbedingt mit Menschen sprechen, die in der Zeit der Entstehung der Heeresversuchsstelle Hillersleben in Letzlingen oder Umgebung gelebt haben, um mir deren Geschichten anzuhören und sie aufzuschreiben. Mithilfe meines Vermieters, Herrn Lüders, ist es mir gelungen einige Personen zu kontaktieren und mit ihnen zu sprechen. Von diesen Begegnungen und zahlreichen Geschichten möchte ich Ihnen im Folgenden berichten.

Beginnen möchte ich mit Günter Lohan, der am 29. Dezember 1923 in Schlesien geboren wurde und als Kind oft in Letzlingen bei seinen Großeltern und Verwandten zu Besuch weilte. Sein Großvater führte ein Kolonialwarengeschäft, wie es damals hieß, war vielseitig interessiert und nahm am dörflichen Leben teil. So gründete er gemeinsam mit Gastwirten, Gewerbetreibenden und Handwerkern den Letzlinger Fremdenverkehrsverein. Bänke wurden aufgestellt, damit sich die Gäste im Heidedorf Letzlingen wohlfühlten.

Als Herr Lohan 1936 mit dem Fahrrad von Brunkau nach Letzlingen fahren wollte, war der durch die Heide führende Richtweg gesperrt. Einheiten der Stendaler Garnison hielten Übungen ab. So blieb ihm nichts anderes übrig als über Dolle nach Letzlingen zu fahren. Er kam so über die ehemalige Ortschaft Salchau, die zu diesem Zeitpunkt bereits geräumt war.
Als unheimlich und gespenstisch beschrieb er mir dieses Erlebnis, das sich unter vielen anderen Erlebnissen bei ihm eingeprägt hat.

1941 wurde er zum Arbeitsdienst einberufen und von da aus im April 1942 zum Luftnachrichtenregiment 8 nach Oppeln-Birkental versetzt. Er gelangte beim Rückzug und aufgrund von ständigen Stellungswechseln bis in die sogenannte Alpenfestung. Er erlebte am 8. Mai 1945 den Waffenstillstand in Tirol. Am 15. Juni 1945 wurde er aus amerikanischer Kriegsgefangenschaft entlassen und erreichte am 25. Juni 1945 Letzlingen. Dort hatten seine Eltern nach der Flucht aus Schlesien bei Verwandten eine Bleibe gefunden. Zu dieser Zeit waren alle Wohnungen in Letzlingen überbelegt.

Zu den umquartierten Personen aus dem Aachener Kriegsgebiet kamen Menschen aus zerbombten Städten und die Flüchtlinge aus dem Osten.

Darüber hinaus hatten die Besatzungstruppen Häuser beschlagnahmt. So kam es, dass Herr Lohan in den ersten Wochen mit einem Holzverschlag als Schlafplatz in der Teerhütterstraße vorlieb nehmen musste. In den kalten Nächten dienten ihm eine alte Matratze, seine Soldatendecke und Zeltbahn als Unterlage und Zudecke sowie sein Tornister (Affe) als Kopfstütze.

Bild 193: Günter Lohan damals (1942) und heute (2012)

Ich fragte Herrn Lohan, welche Erfahrungen er mit den Besatzungsmächten in Letzlingen gemacht hatte.

Zuerst rückten amerikanische Kampftruppen in Letzlingen ein und gingen, wie mir meine Eltern und Verwandten erzählten, herrisch und brutal mit der Bevölkerung um. Von ihnen beanspruchte Gebäude machten sie mit Rufen „In fünf Minuten raus!" frei, ohne Rücksicht darauf, ob es sich um eine Bäckerei, ein Lebensmittelgeschäft oder einen Friseursalon handelte, wie bei meinen Verwandten. Von den Hausbewohnern in hastiger Eile zusammengepacktes Hab und Gut, abgestellt im Hof, fiel dabei nicht selten in die Hände bereits lauernder polnischer Zwangsarbeiter. Sie wussten wohl von den Amerikanern, welche Häuser geräumt werden würden.

Meine Tante Magarete Lohan setzte sich damals zur Wehr und wurde von den lauernden Polen blutig niedergeschlagen, konnte aber trotzdem ihren Koffer festhalten.

Im Laufe der Zeit ging es etwas geordneter zu, vor allem bei den Engländern, die nach den Amerikanern nach Letzlingen kamen.
Sie verhielten sich zwar sehr reserviert und schienen schwer zugänglich zu sein, waren aber adrett und diszipliniert.

Herr Lohan, was war Ihr persönliches erstes Erlebnis mit den Besatzungstruppen?

Ich kam in meiner Uniform nach Hause und die Engländer vor unserem Haus fragten meine Mutter: „Was will der German hier"?
Vor Schreck wusste meine Mutter nichts Besseres als „Das ist mein Baby!" zu sagen, und damit war alles geklärt.

Als die Engländer den Ort verließen, kamen zeitgleich die sowjetischen Besatzungskräfte. Welche Erinnerungen verbinden Sie mit dem Einmarsch der Roten Armee und an welche Geschehnisse erinnern Sie sich?

Die sowjetischen Soldaten, so damals die offizielle Bezeichnung, zogen am 1. Juli 1945 mit einer Kolonne Panjewagen ins Dorf ein. Wir sprachen nur von Russen oder Iwans. Sie wirkten ungepflegt und hatten einen eigentümlichen Geruch an sich. Im Unterschied zu den amerikanischen Soldaten beschlagnahmten sie aber keine Gebäude, sondern campierten in Wäldern. Gebäude, meist ganze Straßenzüge, nutzten sie in den Städten wie zum Beispiel in Gardelegen oder Stendal.

Wie sind Sie eigentlich an Verpflegung gekommen?

Die Versorgung der Bevölkerung erfolgte mit rationierten Lebensmitteln. Monatlich ausgegebene Lebensmittelmarken waren dekadenweise unterteilt und die zugeteilten Mengen sehr gering. Eine Möglichkeit, um an Fleisch zu kommen, war die Kaninchen- und Hühnerhaltung. Aber es wurde auch gewildert. So weiß ich aus Erzählungen, dass ein Trupp Letzlinger mit heimlich aufbewahrten Karabinern „K 98" im Wald an der alten Letzlinger Landstraße auf die Jagd gingen. Meines Wissens stand auf Waffenbesitz die Todesstrafe. Vom Hochstand aus riefen sie einem nachkommenden Mann die Worte „Hände hoch" zu. Zu ihrem großen Schreck stand plötzlich ein russischer Offizier vor ihnen. Die Männer wurden verhaftet und zunächst im alten Letzlinger Spritzenhaus eingesperrt. Am nächsten Tag wurden sie mit einem LKW abgeholt und niemand erfuhr, wohin sie gebracht wurden.

Herr Lohan, was waren in dieser Zeit Ihre größten Ängste?

Wir hatten einfach Angst, weil wir nichts wussten. Keiner konnte voraussehen, was passieren würde. Man hatte Angst verschleppt oder bestohlen zu werden.

Ein Offizier hatte meinem Onkel einfach das Auto auf dem Hof weggenommen, ohne dafür entsprechende Papiere zur Beschlagnahmung vorzuweisen.

Frau Lohan, die bei dem Gespräch ebenfalls zugegen war, hakte hier ein und sagte:

Ich kann mich gut erinnern, dass wir in Letzlingen im Kino waren, das damals im Weißen Schwan war, um zur Normalität zurückzukehren. Zu dieser Zeit brauchte man nur eine Sitzgelegenheit zum Sitzen und ein Stück Holz fürs Feuer, damit es im Kino warm wurde. In Calbe-Milde saßen wir einmal im Kino, um uns einen Film anzusehen, als einer rief:

„Die Russen kommen!"

Und alle, die keinen Ausweis hatten, mussten dableiben.

Bild 194: Alle Bewohner wurden 1946 registriert und bekamen einen Russischen Ausweis, den sie ständig bei sich tragen mussten.

Herr Lohan erzählte mir, dass er in der Gaststätte „Deutscher Hof" Schallplatten aufgelegt hatte und man zur Musik tanzen konnte. Doch wenn die Russen kamen, kippte die Stimmung sofort, da sie ziemlich rebellisch waren.
Doch er wusste, was zu tun war. Er legte eine Platte mit einem russischen Volkslied auf, worauf sofort Ruhe im Raum einkehrte und die russischen Soldaten manchmal vor Heimweh zu weinen anfingen.

Herr Lohan, ich weiß, dass die Bevölkerung auch zu Zwangsarbeit herangezogen wurde. Man nannte das zu dieser Zeit: Verordnung zur Sicherstellung des Kräftebedarfs für Aufgaben von besonderer staatspolitischer Bedeutung. Schildern Sie uns bitte Ihr Erlebnis.

Am 12. April 1946 bekam ich einen sogenannten Verpflichtungsbescheid zur Zwangsarbeit und sollte mich am nächsten Tag unter russischem Kommando zur Demontage von Chemie-Werken melden. Da man bei Nichterscheinen vom Militärgericht der Besatzungsbehörde bestraft wurde, entschloss ich mich dazu der Verpflichtung nachzukommen. Mit einem offenen russischen Militär-LKW wurden wir zunächst nach Bitterfeld, dann nach Vogelgesang bei Elsnigk im Kreis Torgau zum Abbau einer Munitionsfabrik gebracht.
Mit mir wurden auch Willi Undeutsch, Werner Lüders, August Wolf, Willi Luthe, Alfred Grunert, Gerhard Lichhorn, Siegfried Borg und Horst Kroll zwangsverpflichtet. Ohne Ofen mussten wir in einer Holzbaracke auf Strohunterlagen schlafen. In unserer Baracke wohnten noch andere Zwangsverpflichtete wie zum Beispiel zwei Brüder aus Gardelegen mit dem Namen Koch, von denen einer Ofensetzmeister und der andere Tischler war. Einer der Brüder baute aus nachts besorgtem Material einen Behelfsofen. Die Verpflegung war gut, aber leider nicht ausreichend für die schwere körperliche Arbeit. Die Zeit war nicht einfach, aber wir machten das Beste daraus, bis ich es eines Tages nicht mehr aushielt.

Mitte Mai 1946 flüchtete ich mit August Wolf und Siegfried Borg durch den Stacheldraht. Zunächst schlichen wir uns bis zum übernächsten Bahnhof und fuhren dann, wenn Züge sich in Bewegung setzten, mit der Bahn weiter Richtung Letzlingen. Ansonsten sind wir zu Fuß oder per Anhalter bis nach Letzlingen gelangt. Es verwunderte uns, dass unsere Flucht seitens der Militärregierung nicht geahndet wurde.

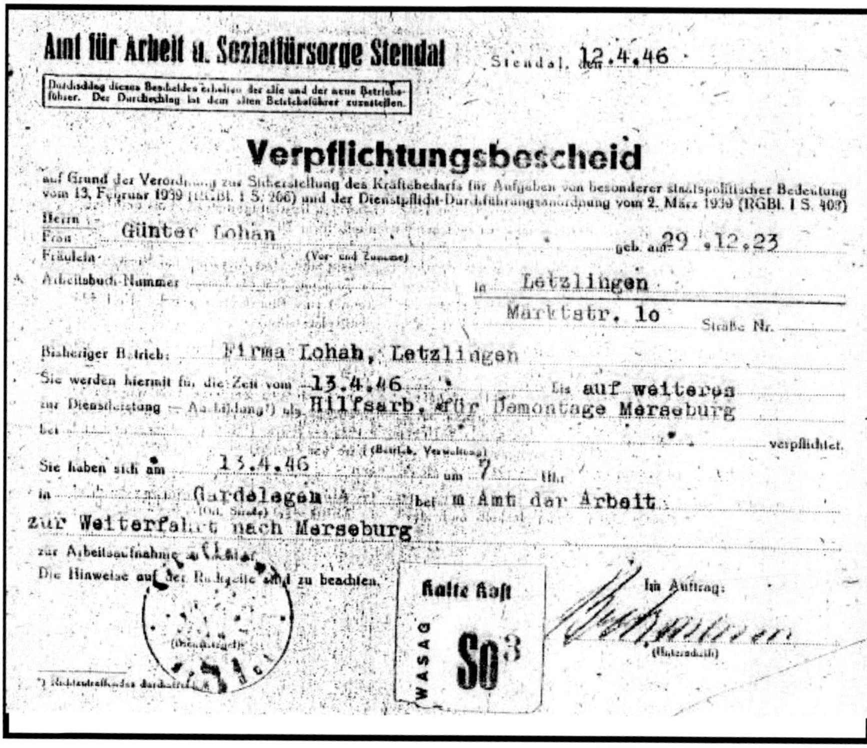
Amt für Arbeit u. Sozialfürsorge Stendal

Stendal, den 12.4.46

Durchschlag dieses Bescheides erhalten der alte und der neue Betriebsführer. Der Durchschlag ist dem alten Betriebsführer zuzustellen.

Verpflichtungsbescheid

auf Grund der Verordnung zur Sicherstellung des Kräftebedarfs für Aufgaben von besonderer staatspolitischer Bedeutung vom 13. Februar 1939 (RGBl. I S. 206) und der Dienstpflicht-Durchführungsanordnung vom 2. März 1939 (RGBl. I S. 403)

Herrn – Frau – Fräulein Günter Lohan (Vor- und Zuname) geb. am 29.12.23

Arbeitsbuch-Nummer

in Letzlingen

Marktstr. 10 Straße Nr.

Bisheriger Betrieb: Firma Lohah, Letzlingen

Sie werden hiermit für die Zeit vom 13.4.46 bis auf weiteres

zur Dienstleistung – Ausbildung*) als Hilfsarb. für Demontage Merseburg

bei (Betrieb, Verwaltung) verpflichtet.

Sie haben sich am 13.4.46 um 7 Uhr

in Gardelegen (Ort, Straße) beim Amt der Arbeit

zur Weiterfahrt nach Merseburg

zur Arbeitsaufnahme zu stellen.

Die Hinweise auf der Rückseite sind zu beachten.

(Dienstsiegel)

Kalte Kast

WASAG So3

Im Auftrag:

(Unterschrift)

*) Nichtzutreffendes durchstreichen.

Bild 195: Verpflichtungsbescheid als Hilfsarbeiter für die Demontage Merseburg

In Letzlingen selbst wurde ich im Jahre 1947 mit anderen Männern aus dem Ort zum Feuerlöschen rekrutiert. Denn immer wenn ein Flak-Schießen auf dem Übungsplatz war, gab es nach jeder Feuereröffnung spätestens eine halbe Stunde später einen Waldbrand. Mit einem Waldarbeiter wurden wir auf Fahrzeugen zum Brandort gebracht. An jenem Tage hielten wir am Rande eines Waldabschnittes mit 40 Jahre alten Kiefern an. Wir sind vom Fahrzeug abgesprungen und gingen in Richtung Brandherd, als unser verantwortlicher Waldarbeiter, ich glaube, er hieß Keilwitz, laut schrie: „Ruhe!" Alle waren abrupt still und man konnte ein ungewöhnliches Heulen in der Luft hören. Keilwitz schrie noch lauter als zuvor „Lauft, lauft, so schnell ihr könnt!" Und wir liefen in die Richtung, aus der wir kamen, gefolgt von einem riesigen Feuersturm. Ich sah noch, wie ein großer Raubvogel, der wegfliegen wollte, vom Feuer angesaugt wurde und noch im Flug verbrannte.

Herr Lohan, wann waren Sie das letzte Mal auf dem Übungsplatz?

Wenn keine Übung war, konnte man über den Übungsplatz fahren. Ich weiß, dass ich 1949 noch bei der ehemaligen Ortschaft Salchau Obst und Beeren gesammelt habe und man bis 1952 noch auf den Platz konnte. Ab 1953 bin ich dann mit meiner Frau nach Bismark gezogen, wo wir heute noch leben.

Frau und Herr Lohan erzählten mir im Laufe unseres Gespräches noch weitere Geschichten aus der russischen Besatzungszeit. So berichtete mir Frau Lohan, dass sie schon einmal Posten, die bei Nässe und Kälte ohne Ablösung an einer Bismarker Kreuzung standen, um den Verkehr für die anrollenden Kolonnen zum Schießplatz zu regeln, mit Stullen und heißen Getränken versorgte. Einmal wurde sie dabei von einem Offizier erwischt, der aber nur lächelte und wieder verschwand. Frau Lohan erzählte ebenfalls von einem Panzer, der gegen Ende der 50er-Jahre in das Haus der Familie Wassermann in Letzlingen gefahren ist.

Bild 196: Russischer ISU 152 auf dem Marktplatz Letzlingen

Nach fast drei Stunden verließ ich Familie Lohan, die längst noch nicht mit ihren Geschichten über Letzlingen und seine Historie am Ende angekommen war.

Ein weiterer Zeitzeuge ist Frau Elsbeth Marciniak (geborene Matthies), die 1920 in Planken geboren wurde. Ihr Vater war als Kutscher bei der Forstwirtschaft in Planken beschäftigt. Er fuhr die Einwohner mit der Kutsche von Planken nach Haldensleben zum Einkaufen, da in Planken keine Einkaufsmöglichkeiten vorhanden waren. In Planken lebten fünf Familien, wobei der Ortsmittelpunkt durch die Gaststätte „Zum Waldhaus", die durch Wilhelm Zapf geführt wurde, geprägt war.

Bild 197: Gasthof zum Wadhause bei Planken

Frau Marciniak, wie haben Sie die Entstehung der Heeresversuchsstelle erlebt?

Bereits Anfang 1933 war uns allen bekannt, dass in der Colbitz-Letzlinger Heide eine Heeresversuchsstelle entstehen soll. So hatten wir drei Jahre Zeit uns auf die geplante Umsiedlung einzustellen. Nachdem die neuen Forsthäuser in „Neu Planken", in die wir umgesiedelt werden sollten, fertiggestellt waren, wurde uns ein Forsthaus (Kutschergehöft) zugewiesen, das wir schließlich 1936 bezogen haben.

Zu dem Gebäudekomplex von Neu Planken gehörten: Forstmeisterhaus mit Wirtschaftsgebäude, Bürogebäude, Pumpenhaus, Angestelltengehöft mit Stallscheune, Kutscherhaus mit Stallscheune und auf der gegenüberliegenden Straßenseite das Forstsekretärsgehöft mit Wohnhaus, Wirtschaftsgebäude und Stallscheunen.

Unser Umzug in das neue Haus, war mit einigen Vorteilen verbunden, die uns das Leben in Zukunft etwas einfacher und angenehmer machten. Zum Beispiel gab es einen Stromanschluss und eine Wasserleitung, die direkt in Haus führte.

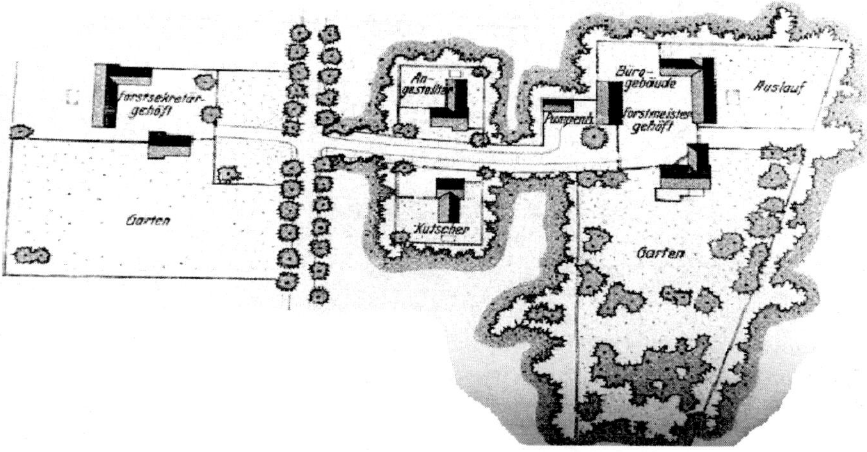

Bild 198: Lageplan der gebauten Forstgehöfte von Neu Planken

Bild 199: Kutschergehöft in Neu Planken und ehemaliges Wohnhaus von Frau Marciniak

Frau Marciniak, als der Aufbau der Heeresversuchsstelle abgeschlossen war, wie konnte man sich das Leben und das Verhältnis zu den Soldaten vorstellen?

Im Jahre 1941 habe ich geheiratet und mit meinem Mann, der als Soldat im Krieg und daher nur selten da war, bei meiner Familie im Kutschergehöft gelebt. Als Beiköchin habe ich in der Kantine der Oberförsterei gearbeitet und für die dort lebenden Offiziere gekocht. Es war ein sehr familiäres Verhältnis zwischen den Soldaten und auch gegenüber uns, den Angestellten.

Hat man von den laufenden Versuchen auf der Versuchsstelle etwas mitbekommen, wenn man so nahe wie Sie dort gelebt hat?

Nein, im Großen und Ganzen bekam man von den Dingen, die auf dem Übungsplatz stattfanden, nichts mit. Lediglich ein hochgezogener Korb an einem Fahnenmast in Born zeigt uns an, ob ein Schießen stattfand. Das Betreten war uns grundsätzlich verboten und das haben wir auch nicht getan.

Frau Marciniak, wie lange haben Sie in dem Kutschergehöft gelebt und wohin sind Sie anschließend gegangen?

Nachdem mein Vater pensioniert wurde, mussten wir 1946 das Haus für seinen Nachfolger freigeben. Wir sind dann nach Born gezogen, hatten aber bei Planken immer noch ein Stück Ackerland, das wir bis 1950 noch bewirtschaften durften und konnten so noch eine ganze Zeit lang Kartoffeln anbauen.

Welche Erfahrungen haben Sie mit den amerikanischen und anschließend britischen Besatzungsmächten gemacht?

Ich habe eigentlich gar keine Erfahrungen mit den Soldaten der Besatzungsmächte gemacht, da sie lediglich an Born vorbei- bzw. durchmarschiert sind, ohne uns weiter zu behelligen.

Wie Sie ja wissen, sind nach dem Abzug der britischen Soldaten die russischen Soldaten in ihre zugeteilte Besatzungszone einmarschiert und haben in den fast 50 Jahren unterschiedliche Eindrücke bei den Menschen in der Region hinterlassen. Welche Erfahrungen haben Sie mit den russischen Soldaten gemacht?

Mir ist bewusst, dass viele Menschen in der Region schlechte, aber auch gute Erfahrungen mit den Russen gemacht haben. Ich selbst habe keine schlechten Erfahrungen mit den Russen gemacht. Natürlich gab es hier und da kleinere Diebereien, die sich aber bei uns in Grenzen hielten.

Vielleicht lag es daran, dass wir zu nahe an der Basis der russischen Offiziere gelebt haben und die jungen Soldaten Angst vor der Strafe hatten, wenn sie erwischt wurden. Von 1950 bis 1960 arbeitete ich als Reinigungskraft in Planken und war daher nie weit von zu Hause weg. Eine meiner Reinigungsstellen war unter anderem beim russischen Stabschef, der dazu auch noch in unserem ehemaligen Haus wohnte. Er selbst war uns gegenüber sehr freundlich, wohingegen seine Frau uns mehr als nur ablehnend gegenüberstand. Das wirkte sich auch auf seinen Sohn aus, der mit seinen fünf Jahren schon abfällige Bemerkungen uns gegenüber machte. Umso mehr wunderte es mich, dass mich der Stabschef fragte, ob ich seinen Jungen für drei bis vier Tage bei mir zu Hause betreuen könnte, da seine Frau ins Krankenhaus musste. Die Beziehung zu seiner Frau verbesserte sich jedoch später trotz allem nicht.

Frau Marciniak, wie haben Sie die zahlreichen Übungen und das Schießen auf dem Übungsplatz wahrgenommen?

Je nach Windrichtung konnte man den Schießlärm mal mehr oder weniger hören. Auch Panzergeräusche nahm man wahr, aber zum größten Teil war kaum etwas von den Übungen und dem Schießen zu hören. Panzer fuhren immer wieder durch unser Dorf auf den Übungsplatz, aber daran hatte man sich schnell gewöhnt. Aber nicht nur Schieß- und Panzerlärm waren zu hören. Bei Festlichkeiten konnte man das Alexander-Exempel in Planken spielen hören. Unsere Kinder bekamen von den russischen Offizieren Puppen und sonstige Geschenke und zu einer Frau eines russischen Offiziers hatte ich noch bis vor etwa fünf Jahren redlichen Kontakt.

Nach dem Gespräch mit Frau Marciniak hatte ich den Eindruck, dass bei ihr in Planken und Born etwas anders gelaufen ist. Man hatte sich mit der Umsiedlung arrangiert und nutzte die Vorteile. Es gab Arbeit auf der Heeresversuchsstelle in einer Zeit, in der viele arbeitslos waren. Und das Kriegsende sowie die Besatzungszeit konnten Frau Marciniak nichts anhaben. Sie lebte wie sie sagte nach dem Motto:

„In schlechten Zeiten das Beste daraus machen."

Schön, dass es Menschen gibt, die diese Zeit so gut gemeistert haben und uns davon erzählen können.

Kapitel 6
Ausblick

Zukunft
Zusammenfassung

Die Zukunft

Es gab einmal eine Zeit, in der ich als Soldat lernte Ortschaften zu meiden. Heute sind wir bereits so weit, dass wir nicht nur in Ortschaften gehen, sondern auch in Großstädte. Es ist kein schönes Gefühl, wenn man davon ausgehen muss, dass hinter jedem Fenster oder hinter jeder Tür ein potenzieller Gegner mit einer Waffe im Anschlag sitzen kann. Wer möchte sich schon solch einer Gefahr aussetzen, und wer möchte jemanden in solch eine Gefahr bringen? Fragen über Fragen, die es zu beantworten gilt. Das haben wir auf unsere Weise getan.

Wir verbessern die Infrastruktur und die Ausbildung, um den Soldaten gezielter auf seine bevorstehenden Einsätze vorzubereiten. Ihm die Möglichkeit zu bieten sich in einem urbanen Gelände zurechtzufinden. Seine Vor- und Nachteile zu erkennen und drillmäßig Abläufe zu üben, um sich und seine Kameraden zu schützen. In Großstädten lauern Gefahren, die wir nur in Großstädten üben können. So zum Beispiel Sicherungsaufgaben, die viel komplexer sind als die Sicherung im freien Gelände oder in kleineren Ortschaften. Das Verhalten bei Anschlägen auf stark belebten Straßen oder das Verhalten bei Einschließung.

„Realitätsnahe Ausbildung ist unverzichtbar."

Um diese Aufgaben zu meistern, benötigen wir eine Übungsstadt, die den Soldaten realitätsnah vor solche Aufgaben stellt. Diese Übungsstadt wird in einer ersten Bauphase bis 2017 auf dem TrÜbPl Altmark in der Colbitz-Letzlinger Heide entstehen. Eine weitere Bauphase wird vermutlich bis 2020 abgeschlossen sein.

„Die Übungsstadt Schnöggersburg"

Diese Übungsstadt wird neue Maßstäbe in der Ausbildung auf Verbandsebene setzen. Es soll die Möglichkeit geschaffen werden, Truppen auf Verbandsebene (ca. 1.500 Mann) in komplexen Lagen auszubilden.
Es wird eine Übungsstadt entstehen, die etwa 1.000 x 1.000 m groß sein und auf einem Areal von rund 6,5 km^2 großen Übungsraum stehen wird. Teile dieser Stadt werden jedoch nur aus Rohbauten bestehen, andere wiederum teilweise oder sogar komplett ausgebaut sein. Ausgewählte Häuser sollen mit unserer Systemtechnik ausgestattet werden, um die Auswertung mit unserer bestehenden Systemtechnik sicherzustellen.

Ich möchte insgesamt wenig zu den Einzelheiten der Gebäudestruktur sagen, denn bis zur Fertigstellung werden vermutlich noch zahlreiche Änderungen dieses Projekt begleiten. Aber einige Baumaßnahmen möchte ich Ihnen nicht vorenthalten. So werden beispielsweise ein Autobahnabschnitt von 900 m Länge und ein künstlich angelegter Fluss von ca. 1,5 km Länge quer durch das urbane Gelände verlaufen. Weitere infrastrukturelle Gebäudeanlagen werden sein: Neustadt, Altstadt, Bahnhof, Industriegebiet, Hochhaussiedlung, bestehend aus vier Hochhäusern und einem Elendsviertel. Viel Geld wird fließen und fließt bereits jetzt. Am 2. November 2012 erfolgte der erste Spatenstich für die ersten beiden Bauphasen. Vor Baubeginn muss jedoch zunächst die gesamte Fläche, die für die Bebauung vorgesehen ist, bis zu einer Tiefe von 6,5 m von Munition geräumt werden. Im Rahmen dieser Tiefenberäumung wurden allein auf dem Bauplatz der geplanten Übungsstadt Schnöggersburg etwa 8 t sprengfähige Munition geborgen. Dies zeigt, wie gefährlich der Übungsplatz heute noch ist.

Nach der Beräumung können die ersten Straßen, Strom- und Wasserleitungen, die Kanalisation, Plätze und Brücken gebaut werden. Etwa 60 Mio. Euro wurden dafür zunächst bereitgestellt. Dies entspricht ca. zwei Drittel des Gesamtvolumens.

„Menschenleben sind unbezahlbar."

Ich glaube, dass wir in einer Übungsstadt wie Schnöggersburg die Einsatzvorbereitung für unsere Soldaten um ein Vielfaches bereichern werden. Ich wünsche mir, dass diese Ausbildungseinrichtung in vollem Umfang genutzt und ausgelastet wird.

„Alles ist möglich, lasst uns über den Tellerrand schauen."

Kein Gedanke der möglichen Nutzung soll unausgesprochen bleiben. Jeder Tag soll der Ausbildung dienen, und diese Ausbildung muss nicht zwangsweise nur die Ausbildung für Einsätze der Bundeswehr sein. So könnten vielleicht auch Bundes- und Landespolizei, Feuerwehr, DRK und viele andere Organisationen, die für gemeinsame Einsätze vorgesehen sind, Nutzer dieser Anlagen werden. Die Zusammenarbeit mit diesen Organisationen darf nicht unterschätzt werden und könnte gerade in solch einer Übungsstadt verwirklicht werden.

Die Einsatzausbildung der Soldaten hat Priorität.

Zusammenfassung

Liebe Leserschaft, ich bin am Ende angekommen und möchte das Geschriebene in kurzen Worten zusammenfassen.

Geschichte ist wichtig, da sie uns die Möglichkeit bietet daraus zu lernen. Hierbei spielt es keine Rolle, ob es sich um positive oder negative Erlebnisse handelt, denn wir können die Vergangenheit nicht verändern. Wir müssen mit ihr umgehen und uns mit ihr beschäftigen, um sie zu verstehen.

Die Heimat zu verlieren ist für die Betroffenen schlimmer, als wir uns das vorstellen können. Es lohnt sich Zerstörtes erneut aufzubauen und fest darauf zu vertrauen, dass die Zeiten wieder besser werden.

Das Bündnis ist ein wesentlicher Schritt in die richtige Richtung für alle Länder. Denn wer sich kennt und respektiert, bekämpft sich nicht.

Soldaten sind Werkzeuge der Politik und daher für alle Menschen da. Sie haben das Recht auf die bestmögliche Ausbildung, um auf die hohen Anforderungen, die die Auslandseinsätze an sie stellen, vorbereitet zu sein.

Denken Sie immer daran, es könnte auch Ihr Sohn, Ihre Tochter, Ihre Mutter oder Ihr Vater sein. Aber auch Freunde oder Bekannte, die für uns oder andere ihr Leben riskieren. Dafür ist uns nichts zu teuer.

„Sch… auf das Geld, denn das Leben ist wichtiger!“

Bild 200: Überführungen in Afghanistan gefallener Soldaten nach Deutschland

Allein in Afghanistan sind 35 unserer Kameraden durch Fremdeinwirkungen ums Leben gekommen. Durch Unfälle sind 19 weitere Soldaten gestorben. Besonders tragisch ist jedoch, dass 20 meiner Kameraden aus welchen Gründen auch immer durch Selbsttötung gestorben sind *(Stand 2012).*

Anhang

Danksagung

Ein Dankeschön an alle Zeitzeugen.

Die Gespräche mit ihnen haben mich immer wieder eingeholt. Ich versuchte mir vorzustellen, wie man mit diesen Geschichten, wie sie sie erlebt haben, umgehen soll. Erst die Entstehung der Heeresversuchsstelle während des 2. Weltkrieges. Danach das Zusammenleben mit den Besatzungsmächten vom Amerikaner über die Engländer bis hin zu den Sowjetbügern. Der Mauerbau und die lang ersehnte deutsche Einheit. Abzug der Besatzungsmächte und Übernahme der Bundeswehr. Epochen, die nicht nur die Natur, sondern auch die Menschen geprägt haben müssen. Welch ein Glück für uns alle, dass sie uns an ihren Erfahrungen und Erlebnissen teilnehmen lassen und uns ihre Geschichten erzählt haben.

Danke an alle zivilen und industriellen Mitarbeiter des GefÜbZH.

Sie haben mir gezeigt, dass nicht nur Soldaten ihren Beitrag für die Erhaltung des Friedens leisten können. Ihre Arbeit, die sie hier leisten, trägt wesentlich zum Erfolg des GefÜbZH bei. Sie stellen die Bühne bereit, auf der wir sicher stehen können, sie stehen hinter uns, ohne dass man sie sehen kann. Gut, dass sie uns bei unserer schweren Aufgabe unterstützen.

Danke an alle anderen,

die mich mit ihrem Fachwissen unterstützt haben. Sie haben es möglich gemacht, dass ich auch Themen betrachten konnte, von denen ich eigentlich gar keine Ahnung hatte. Ihr Fachwissen machten die Kapitel über die Altmark interessant. Geben Sie Ihr Wissen an alle, die es wissen wollen, weiter, es lohnt sich.

An die Soldaten gerichtet bleibt mir nur eines zu sagen:

Wir. Dienen. Deutschland.

Leiter des Gefechtsübungszentrums Heer

Die ehemaligen Leiter des GefÜbZH hatten bisher, bis auf den ersten Leiter, den Dienstgrad eines Obersten. Sie waren es, die das GefÜbZH immer weiter nach vorne gebracht und damit einen Stellenwert geschaffen haben, der über die Grenzen Deutschlands hinausgeht. Dies zeigt sich auch bei den zahlreichen Gästen, die das GefÜbZH das ganze Jahr über besuchen.

Im Folgenden sind die ehemaligen Leiter des GefÜbZH aufgeführt.

2. Februar 1996: Oberstleutnant Werner Böhm

30. September 1999: Oberst Albrecht von Reden

6. Mai 2003: Oberst Wolfgang Lortz

28. Januar 2005: Oberst Wolfgang Krippl

21. November 2006: Oberst Gerd Kropf

28. Oktober 2010: Oberst Michael Matz

9. Mai 2012 : Oberst Dieter Sladeczek

1. Oktober 2012 Oberst Gunter Schneider

Abkürzungsverzeichnis

ABC	Atomar-Biologisch-Chemisch
AGDUS	Ausbildungsgerät Duell Simulator
AHK	Arbeitshilfe Kampfmittelbeseitigung
ANA	Afghanischen Nationalarmee
BAAINBw	Bundesamt für Ausrüstung, Informationstechnik und Nutzung der Bundeswehr
BMP 2	Bojewaja Maschina Pechoty 2 (Amphibischer Schützenpanzer)
BMVg	Bundesminister der Verteidigung
BwDLZ	Bundeswehrdienstleistungszentrum
CAS	Close Air Support (Luftnahunterstützung)
CIMIC	Civil Military Cooperation
CRC	Crowd and Riot Control (Überwachung von unfriedlichen Menschenansammlungen und Eindämmung von Krawallen)
FüInfoSys	Führungs- und Informationssystem
GefÜbZH	Gefechtsübungszentrum Heer
GSSD	Gruppe Sowjetischer Streitkräfte in Deutschland
HDV	Heeresdienstvorschrift
IDZ	Infanterist der Zukunft
IED	Improvised Explosive Devices (Behelfsmäßig hergestellte Sprengvorrichtung

IKF	Industriekraftfahrer
ISAF	International Security Assistance Force (Internationale Schutztruppe Afghanistan)
IT	Informations- und Telekommunikation
MG	Maschinengewehr
Mot	Motorisiert
NSDAP	Nationalsozialistische Deutsche Arbeiterpartei
NVA	Nationale Volksarmee
PATF	Partnering and Advisory Task Force
PAW	Panzerabwehrwaffe
PSN	Psychosozialen Netzwerk
PzBtl	Panzerbataillon
PzGrenBtl	Panzergrenadierbataillon
RDA	Rheinmetall Dienstleistungszentrum Altmark
RUS	Russisch
TerrWV	Territorialverwaltung
TNE	Teilnehmereinheit
TOW	Tube-launched, Optically-tracked, Wire-guided (Panzerabwehrlenkflugkörper)
TrÜbPl	Truppenübungsplatz
TVB	Truppenversorgungsarbeiter
UCATT	Urban Combat Advanced Training Technologies
V3	Vergeltungswaffe (Hochdruckpumpe)
VH	Versuchsstelle Hillersleben
VS	Verschlusssache

Literatur

Bericht Gemeinsamer Unterausschuss Aufklärungsziele (CIOS – Combined Intelligence Objectives Sub-Committee) zur Erprobungsstelle Hillersleben vom 6. Juni 1945 (Bilder der Versuchsplätze und Testanlagen).

Nutzungskonzept GefÜbZH vom November 2011.

Soldat und Technik, Ausgaben 8/89 und 4/91.

Richtlinien zur Nachhaltigen Nutzung von Übungsplätzen in Deutschland vom Juli 2002.

Richtlinien zum Traditionsverständnis und zur Traditionspflege in der Bundeswehr vom September 1982.

Bildnachweis: Bilderarchiv des GefÜbZH, Frau Karlsch, Frau Marciniak, Herr Kewelow, Herr Dr. Kleemann, Herr Lohan, Herr Masurek , Herr Müller, Herr Trinkaus, Bundesarchiv und Oberstabsfeldwebel Rückher.

Interviews:

Aus dem militärischen Bereich:
Oberst Schneider, Oberst Sladeczek, Oberstleutnant Cohrs, Oberstleutnant Engel, Oberstleutnant Hering, Oberstleutnant Makowski, Oberstleutnant Remmel, Oberstleutnant Schulz, Hauptmann Braun, Hauptmann Herzog, Hauptmann Rosenzweig, Hauptmann Uhlmann, Oberleutnant Anacker, Stabsfeldwebel Hasse, Stabsfeldwebel Pawlowsky und Stabsfeldwebel Weis.

Aus dem industriellen und zivilen Bereichen der Bundeswehr:
Herr Berger, Herr Binder, Herr Emmermann, Herr Freund, Herr Herbst, Herr Heusmann, Herr Klaebe, Herr Peine, Herr Rahmlow, Herr Schrader und Herr Schild.

Aus dem zivilen Bereich:
Frau Karlsch, Frau Marciniak, Herr Dittel, Herr Keweloh, Herr Dr. Kleemann, Herr Lohan und Herr Zühl.

Abbildungsverzeichnis